Renate Schmidt

Erfolgreiche Büroorganisation

Von Ablage bis Zeitplanung

POCKET BUSINESS

Cornelsen

Verlagsredaktion: Annette Preuß
Technische Umsetzung: Holger Stoldt, Düsseldorf
Umschlaggestaltung: Janine Hofmann, Berlin
Titelfoto: © Pando Hall / gettyimages®

Informationen über Cornelsen Fachbücher und Zusatzangebote:
www.cornelsen.de/berufskompetenz

1. Auflage

© 2011 Cornelsen Verlag Scriptor GmbH & Co. KG, Berlin

Druck: Druckhaus Thomas Müntzer, Bad Langensalza

ISBN 978-3-589-23913-9

 Inhalt gedruckt auf säurefreiem Papier
aus nachhaltiger Forstwirtschaft.

Inhalt

1 Die Idee von Ordnung

Sie können sich den Erfolg erleichtern

Wie war es doch vordem
>   mit Heinzelmännchen so bequem!
>   Denn, war man faul, man legte sich
>   hin auf die Bank und pflegte sich.
>   Da kamen bei Nacht
>   eh' man's gedacht,
>   die Männlein und schwärmten
>   und klapperten und lärmten
>   und rupften und zupften
>   und hüpften und trabten
>   und putzten und schabten
>   und eh' ein Faulpelz noch erwacht',
>   war all sein Tagewerk bereits gemacht.

Es war im Jahr 1936, als der Breslauer August Kopisch den Kölnern das Gedicht von den Heinzelmännchen widmete. Er griff damit einen uralten Menschheitstraum auf: den Traum nicht (mehr) arbeiten zu müssen. Die Kölner haben Herrn Kopisch ein Denkmal gesetzt, wahrscheinlich weil die Vorstellung gar zu reizvoll gewesen wäre, sich den schönen Dingen des Lebens widmen zu können und all das, was mit Arbeit verbunden ist, getrost den fleißigen Männchen überlassen zu können.

Erinnern Sie sich daran, was mit den Heinzelmännchen passierte? Die Frau des Schneiders, ein neugieriges Weib, wollte die fleißigen Männchen gerne einmal bei der Arbeit sehen und so streute sie Erbsen auf die Treppe, die hinunter in die Nähstube ihres Mannes führte. Als die Heinzelmännchen dann in der Nacht kamen, rutschten sie aus und noch bevor die Schneidersfrau sie entdecken konnte, verschwanden sie und kehrten nie mehr zurück.

1.1 Heinzelmännchen versus Selbstbestimmung

Auch wenn die fleißigen Männchen uns nicht mehr zur Seite stehen – geblieben ist der Traum vom Nicht-arbeiten-müssen oder wenigstens vom „nur das machen, was einem wirklich Spaß macht".

Wenn Sie zu den glücklichen Menschen gehören, die genau den Job haben, der sie erfüllt und der im hohen Maße ihrer Berufung entspricht, dann wird Ihnen die Arbeit wahrscheinlich nicht schwerfallen. Aber genauso wahrscheinlich werden auch Sie Teilbereiche Ihrer Arbeit weniger gern machen, so vielleicht die Ablage oder Ihre Reisekostenabrechnung.

Vielleicht sind Sie auch ein kreativer Geist und entwickeln die tollsten Projekte – allerdings soll die Umsetzung lieber jemand anders übernehmen? Oder Sie sind ein erfolgreicher Verkäufer, es fällt Ihnen leicht, Kunden zu gewinnen und Aufträge zu generieren, aber sie hassen es, die stupiden, zeitraubenden Angebote erstellen zu müssen. Mit nochmals einer Portion Glück brauchen Sie die Ablage nicht zu machen, weil ein Auszubildender es für Sie tut. Aber wehe, Sie suchen ein bestimmtes Dokument und der Auszubildende ist genau an diesem Tag in der Schule …

Sie brauchen das kreative Projekt, das Sie angestoßen haben, nicht zeichnerisch umzusetzen, aber Sie geben es damit auch ein Stück aus der Hand, Ihr Baby wird sozusagen von jemand anderem großgezogen.

Fakt ist: Wo Licht ist, ist auch Schatten, und für jede noch so bequeme Alternative zahlen wir einen Preis. Wo wir delegieren und (unbequeme) Arbeiten abgeben, machen wir uns auch ein Stück weit abhängig von anderen.

Stellen Sie sich vor, Sie verlassen Ihr Büro am Freitagnachmittag in einem völlig chaotischen Zustand. Sie sind glücklich, sich um das Aufräumen, Sortieren, Neuschichten und Wegräumen nicht mehr kümmern zu müssen und stattdessen in ein erholsames Wochenende starten zu können, weil Sie wissen: Am Montagmorgen sieht alles wieder aus wie neu. – Eine schöne Vorstellung! Und so ist es auch: Sie betreten am Montagmorgen ein Büro, in dem bereits geschichtet, sortiert, weggeräumt und abgeheftet wurde. Alles ist ordentlich und blinkt Ihnen beinah unberührt entgegen. Und dann? Dann fängt das Suchen an, denn diejenigen, die da am Wochenende für Sie fleißig waren – nennen wir sie mal Heinzelmännchen – sind nicht mehr zugegen. Dummerweise haben diese Männchen ein ganz anderes Ordnungssystem im Kopf als Sie. Und als Sie nach halbstündiger Suche das Angebot an Herrn Kölsch endlich finden, sind Sie schon so genervt, dass die Heinzelmännchen in Ihrer Gunst gesunken sind und Sie sich ernsthaft fragen, „welcher Clown denen wohl zwischen den Synapsen rumwirbelt".

Wir könnten diesen Gedanken noch beliebig lange weiterspinnen, aber Sie wissen natürlich jetzt schon, worauf es hinausläuft:

> Es gibt ein paar Dinge, bei denen man gut daran tut, sie selbst zu erledigen – unbequem hin oder her!

Zu diesen Dingen gehört die Organisation des Raumes, in dem Sie vier, sechs, acht oder gar zehn Stunden am Tag verbringen: Ihr Büro. Zu diesen Dingen gehört die Organisation der Arbeiten, die mit Ihrem täglichen Geschäft verbunden sind, die Ihnen den Erfolg – also langfristig ein gefülltes Bankkonto, kurzfristig Freude an reibungslosen Abläufen – erleichtern oder eben auch erschweren.

In den letzten Jahren haben wir immer neue Technik und Techniken, Instrumente und Instrumentarien, Regeln und Ratgeber an die Hand bekommen, die uns die Organisation unserer Arbeit erleichtern sollen, aber alle haben eines gemeinsam: Sie tun nichts von allein.

◆ Sie freuen sich über ihr neues iPhone, gegen das Sie das alte Handy endlich getauscht haben? – Sie können sich nur an den vielen Funktionen erfreuen, wenn Sie sich damit auseinandersetzen und sich das iPhone auf Ihre Bedarfe zugeschnitten einrichten.

◆ Sie sind auf der Karriereleiter nach oben gestiegen und haben den Job Ihres Vorgesetzten, der in den Ruhestand gegangen ist, übernommen? – Sie werden nur Freude daran haben – und Erfolg im Übrigen auch –, wenn Sie nicht in seine Fußstapfen treten, sondern dieser neuen Aufgabe, dem neuen Umfeld, Ihren persönlichen Fingerabdruck geben.

Ich werde oft angesprochen: „Ach, Büroorganisation machen Sie auch? Dann brauche ich Sie!" Im gleichen Moment frage ich mich dann: Was braucht der Fragende? Mich? Nein, er braucht mich nicht, denn ich kann ihm die Arbeit nicht abnehmen. Ich gehöre nicht zur Heinzelmann-Fraktion und die Wahrscheinlichkeit, dass unser Denken absolut deckungsgleich ist, ist sehr gering, weil wir nicht geklont sind.

Was der Fragende braucht, ist offensichtlich Unterstützung bei der Organisation seines Arbeitsumfelds. Diese Unterstützung kann – so unbefriedigend die Antwort ist, so ehrlich ist sie auch – nur darin bestehen, dass ich ihm Tipps gebe, wie es ihm gelingen kann, sich so zu organisieren, dass es ihm leicht fällt, den ersten Schritt zu gehen, und ebenso leicht, die einmal eingerichtete Ordnung und Struktur dauerhaft zu halten.

Vielleicht bin ich gerade deshalb eine gute Ratgeberin, weil mir der Sinn für Ordnung nicht in die Wiege gelegt wurde und ich in – manchmal mühsamen – kleinen Schritten lernen musste, mir ein System zu eigen zu machen, das es mir ermöglicht hat, in den bisher 20 Jahren meiner Selbstständigkeit nicht im Chaos zu ertrinken.

Ich habe vieles ausprobiert, habe versucht, mich zu drücken, indem ich das ganze Thema Ordnung an eine Mitarbeiterin delegiert habe, geholfen hat es nicht. Das Fazit:

Wenn ich mich dauerhaft in meinen Räumen, mit meiner Arbeit wohl fühlen will, dann muss ich mich selbst darum kümmern.

Am liebsten wäre mir immer der ganz große Rundumschlag gewesen, den ich auch oft geplant, aber nie umgesetzt habe. Hatte ich mir eine Woche freigeschaufelt, in der ich diesen Rundumschlag machen wollte, dann kam entweder ein großer Auftrag dazwischen, der mir wichtiger war, weil er eben meine Brötchen sicherte, oder ich war so erschöpft von den Wochen zuvor, die ich voll gepackt hatte, um eben diese eine freie Woche zu gewinnen, dass es mir im Hinblick auf meine körperliche und geistige Gesundheit sinnvoller erschien, eine Woche Urlaub zu machen ... Aus diesem Grund habe ich also ein bewegliches Ordnungs- und Organisationssystem als das für mich sinnvollste entdeckt und bin den Weg der kleinen Schritte gegangen.

Selbst dazu habe ich noch ein gehöriges Maß an Disziplin aufbringen müssen, was mir durch die Erfahrung gelang, dass ich mich in einem chaotischen Büro nicht wohl fühlte. Ich wusste, dass ich nicht klar denken, entscheiden und handeln konnte, wenn sich diese Klarheit nicht auch in meinem Arbeitsumfeld widerspiegelte.

Noch heute ist das eine oder andere im Argen, jedenfalls immer mal wieder – abhängig von der anfallenden Arbeit –, aber ich habe die mir zur Verfügung stehende Zeit im Griff, ich brauche wenig zu suchen, ich komme immer pünktlich zu meinen Verabredungen, ich halte alle Termine genau ein, ich vergesse nichts und – wenn meine Familie nicht allzu große Forderungen an mich stellt oder Erwartungen an mich hat – fällt mir das tägliche Arbeiten leicht. Das war nicht immer so.

Das, was ich Ihnen also mit diesem kleinen Ratgeber tatsächlich geben kann, sind vielleicht gar nicht so sehr Ratschläge, sondern vielmehr Erfahrungen. Ich beschränke mich in diesem Buch auf die Dinge, die mir das (Büro-)Leben leichter gemacht haben, wohlwissend, dass ich damit nicht alle Möglichkeiten der Büroorganisation ausgeschöpft habe. Mir erscheint es allerdings glaubwürdiger, nur über das zu schreiben, was ich ausprobiert habe, und nicht über das, was ich theoretisch weiß, aber nie selbst umgesetzt habe.

Jeder Arbeitsplatz sieht anders aus, in jedem Unternehmen werden unterschiedliche Erwartungen an Sie und Ihre – wie heißt es neuerdings so schön? – Performance gestellt. Das sind Faktoren, die ich nicht kenne, von denen ich nur versuchen kann, sie mir vorzustellen und in das Buch einfließen zu lassen. Sehen Sie es mir bitte nach, dass es mir sicher nicht in jedem Fall gelingen wird, aber selbst wenn Sie nur Teile dieses Buches für sich umsetzen können und wollen, dann hat sich der Kauf schon gelohnt, denn letztendlich geht es nur vordergründig um materiellen Erfolg und ein gutes Image.

> Tatsächlich geht es um Ihr Wohlbefinden, Ihre Gesundheit, Ihren Spaß, Ihre „Work-Life-Balance".

Dazu ist es nötig, dass Sie das Gefühl haben, Ihre Arbeit „im Griff" zu haben und nicht umgekehrt! Das Handeln wird Ihnen leichter fallen, wenn Sie sich bewusst machen, dass Sie eine gute Büroorganisation nicht herstellen MÜSSEN. Sie müssen nicht aufräumen, Sie müssen kein Zeitmanagement haben, Sie müssen keine Ablage machen, Sie müssen keine neuen Daten ins Outlook eingeben: Sie müssen das alles nicht tun. Wenn wir von „müssen" sprechen, dann sprechen wir von Fremdbestimmung, und in dem Moment, in dem Sie sich fremdbestimmt fühlen, fällt Ihnen alles, was zu tun ist, viel schwerer.
Stattdessen WOLLEN Sie tun, was zu tun ist, weil Sie in allererster Linie sich selbst das Leben leichter machen wollen, und genau mit diesem Gedanken sind Sie selbstbestimmt und die Umsetzung der einen oder anderen Idee dieses kleinen Buches fällt Ihnen leichter.

Gewöhnen Sie sich also für alles, was Sie sich vorneh-
men, ein „Ich WILL" an, und damit haben Sie die erste
Hürde auch schon genommen, die Hürde des sofortigen
Anfangs.

Ich wünsche Ihnen konstruktive Gedanken für Ihre Pläne
und eine leichte Hand bei der Umsetzung!

1.2 Was ist Ordnung?

Wenn wir von Organisation reden, dann reden wir gleichzeitig von Ordnung, denn Ordnung ist ein entscheidender Teil
von Organisation. Ordnung zieht sich durch unser ganzes
Leben, ja, durch die gesamte Schöpfung. Aber:

◆ Ordnung ist in unserem Fall nicht zu verwechseln mit
  Reglementierung oder Normierung.
◆ Ordnung heißt auch nicht Umschichtung oder Ver-
  schwindenlassen (manche Menschen sollen angeblich
  ihre Post nicht öffnen und haben das Gefühl Ordnung
  herzustellen, wenn sie alle ungeöffneten Briefe in einen
  Schuhkarton packen), denn dadurch verschwindet nicht
  die Idee von Chaos in unserem Inneren.
◆ Ordnung heißt nicht, einen Lappen in die Hand zu nehmen und den Schreibtisch oder PC abzuwischen – nicht
  Schmutz macht uns nervös, sondern Unordnung.
◆ Ordnung heißt aber auch nicht Perfektionismus. Es kann
  durchaus sinnvoll sein, Bücher nach Fachgebieten zu
  ordnen, weil wir so schneller finden, was wir suchen,
  aber es ist – von ästhetischen Aspekten abgesehen –
  nicht nötig, die gleichen Bücher nach Größe oder Farbe
  der Buchrücken zu sortieren.

Fragen Sie sich doch einmal, warum Ihnen Ordnung wichtig
ist. Die Gründe mögen vielfältig sein. Vielleicht wollen Sie

die Kontrolle behalten, mehr Platz haben, gleich finden, wonach Sie suchen … Vielleicht wollen Sie einfach Geld sparen, weil Sie nicht neu zu kaufen brauchen, was Sie leicht wiederfinden. Vielleicht ist es Ihnen auch wichtig, einen guten Eindruck auf Ihre Umwelt – Vorgesetzte, Kollegen, Kunden – zu machen … Ganz gleich, wie Ihre Antwort ausfällt, sie war ein Grund, dieses Buch zu erwerben, und sie wird ein Grund sein, das Gelesene in die Tat umzusetzen. Ihre Antwort ist Ihre Motivation zum Handeln!

Ich möchte Ihnen eine kleine Geschichte nicht vorenthalten, die scheinbar gegen die Notwendigkeit von Ordnung spricht:

Mein Sohn hat im Frühjahr sein Abitur gemacht. Bei seiner Zeugnisverleihung wurde die Aula von Katja Ebstein beschallt: „Wunder gibt es immer wieder!" Und dieses Lied, bei dem alle gelacht haben, lief wohl zu Recht, denn mein Sohn hat es fertiggebracht, seit der 7. Klasse keine Hausaufgaben aufzuschreiben, es waren eher die glücklichen Ausnahmen, wenn er sie überhaupt gemacht hatte. Er hat permanent Arbeitsmaterialien für den Unterricht zuhause vergessen, seine Arbeitsblätter waren ungeordnete Loseblattsammlungen, auf seinem Schreibtisch türmte sich Papier neben einer Blechdose mit Kippen und leeren Bierflaschen (das allerdings erst, seit er volljährig war) und den Dingen, die Jungen eben so sammeln: Kondome, sezierte Frösche, leere Yoghurtbecher und angebrochene Schokoriegel …
Arbeitete er am PC, so lief gleichzeitig immer ICQ oder irgendeine Schüler-VZ, und parallel zu Dingen, die er lesen musste, kommunizierte er mit Mitschülern über die besten Partys des Abends …
Ein Chaos, das ich nicht in wenigen Worten beschreiben kann. In meinen Bemühungen, ihn an etwas mehr Ordnung heranzuführen, bin ich gescheitert (der Prophet im eigenen Land). Er nannte meinen Sinn für Ordnung Perfektionismus und sagte, ich könne mich darauf verlassen, dass er sein Chaos managte, ich solle mich mal schön entspannen und er würde mit seinem Sinn für (Un-) Ordnung sein Abi schon schaffen.
Er hat Recht behalten (allerdings bin ich sicher, dass er oft seinen ganzen Charme – und davon hat er reichlich – den Lehrerinnen gegenüber hat spielen lassen müssen) und sein Abi

geschafft. Insofern spricht alles dafür, dass es also auch ohne Ordnung geht. Allerdings hat sich bei der unkoordinierten Suche nach einem Studienplatz herausgestellt, dass das äußere Chaos auch in seinem Kopf war, denn in dem Moment, als er sein Abiturzeugnis nicht fand, sagte er zum ersten Mal, er sei total überfordert! Außerdem, und da sehen wir wieder, dass man halt für alles einen Preis bezahlt, hätte er für sein Wunschstudium einen Notendurchschnitt von 1,3 haben müssen. Da bei ihm die Zahlen genau andersherum sind, hat er einen Kompromiss machen müssen. Schade, ich bin sicher, mit etwas mehr Struktur und äußerer Ordnung hätte er deutlich mehr erreicht.

Wir sehen also auch hier wieder: Der Sinn von Ordnung ist sehr unterschiedlich und deshalb können auch nur Sie allein entscheiden, wie Ihre Wohlfühlordnung aussieht. Seien Sie bitte nur ehrlich sich selbst gegenüber bei der Einschätzung dessen, was Sie brauchen, um entspannt, konzentriert und gut arbeiten zu können. Ausreden oder Rechtfertigungen vor sich selbst sind Selbstbetrug, mit dem Sie sich langfristig nichts Gutes tun.

2 Der Mittelpunkt – Ihr Schreibtisch

Schaffen und erhalten Sie sich Freiraum

Fangen wir einmal beim Herz Ihres Büros an und schauen uns Ihren Schreibtisch an. Was sehen Sie da? Können Sie noch darüber hinwegsehen? Können Sie noch sehen, wenn jemand Ihnen gegenüber sitzt?

Jetzt stellen Sie sich bitte einmal vor, das, was Sie auf Ihrem Schreibtisch sehen, sei ein Abbild Ihres Gehirns! Gefällt Ihnen, was Sie sehen? Sehen Sie Gedanken in Kästchen, nach Kategorien sortiert, jederzeit abrufbar, oder sehen Sie hier einen Stapel Gedanken, dort einen angefangenen, aber nicht zu Ende gedachten Gedanken, dort eine zwischen den Synapsen wabernde, aber schwer zu greifende Idee, und da hinten einen längst vergessenen und verstaubten Gedanken, der eigentlich richtig gut gewesen wäre?

Ihr Schreibtisch sagt eine ganze Menge über Sie aus. Wenn Ihnen das, was Sie sehen, nicht gefällt, dann schlagen Sie eine Schneise in alles, was auf dem Schreibtisch steht, und räumen einmal alles ab, was möglich ist. Setzen Sie sich jetzt an Ihren Schreibtisch, schauen nicht auf das, was für den Moment alles auf dem Boden steht, sondern genießen einfach den Anblick dieses leeren Tisches. Bleiben Sie mindestens fünf Minuten so sitzen!

(H)einzel-Tipp

Bevor Sie nach dem Aufstehen etwas anderes tun, gehen Sie doch auch in die Küche und holen sich einen Lappen. Der Schreibtisch sieht gleich noch besser aus, wenn er keine Staubränder mehr hat, und er riecht dann auch wieder wie neu. Das verstärkt die guten Gefühle in Ihnen!

2.1 Ihr Schreibtisch ist ein Schreib-Tisch

Nehmen wir den Begriff Schreibtisch ernst, dann wissen wir gleichzeitig, was streng genommen dorthin gehört: Das, worauf wir schreiben, und das, womit wir schreiben.

Schauen Sie im Hinblick darauf doch einmal alles genau an, was auf dem Boden steht, und dann bestücken Sie Ihren Schreibtisch (eben außer den Dingen, die permanent dort sind wie Bildschirm, Tastatur, Maus und Telefon) einmal nur mit einem Block und einem Schreibgerät. Wie gefällt Ihnen das?

Das ist Ihre Grundausstattung. Was sonst noch auf Ihren Schreibtisch gehört, ist zum einen davon abhängig, welcher Typ Sie sind, das heißt, was Sie brauchen, um Ihren Schreibtisch attraktiv zu finden, und zum anderen von der Art des Jobs, den Sie machen, und welches Gerät Sie dafür tatsächlich mehrfach täglich oder sogar permanent brauchen.

> Auf den Schreibtisch gehört tatsächlich nur das, was Sie täglich viele Male brauchen und SOFORT zur Hand haben wollen.

Jetzt geht es darum, Schreibtisch-Entscheidungen zu treffen und die täglich benötigten Gegenstände auszuwählen. Einigen wir uns zur Sicherheit darauf, dass nicht mehr als fünf Zusatzgegenstände auf Ihren Schreibtisch gehören? Ich weiß, für den einen oder anderen mag das im ersten Moment nach „Schikane" oder „Kleinlichkeit" klingen, aber bedenken Sie bitte, wie schnell noch einmal ein Blatt Papier oder eine Tasse Kaffee hinzukommen, die Sie jetzt gar nicht auswählen. In diesem Moment ist es wichtig, dass Sie sich beschränken, damit Sie ein großes – und kein kleines – „Aha-Erlebnis" haben.

Je mehr auf Ihrem Schreibtisch steht, desto höher ist die Wahrscheinlichkeit, dass sehr bald noch Neues hinzukommt. Menschen, z. B. auch Kollegen, haben gar keine Hemmungen, etwas auf Ihren überquellenden Schreibtisch zu werfen, sie tun sich aber schwer damit, einfach etwas auf einen leeren und deshalb aufgeräumt erscheinenden Schreibtisch zu „werfen". Tendenziell legen sie es dann ordentlich hin.

Der Schreibtisch als Herz Ihres Büros ist das Wichtigste! Ist Ihr Schreibtisch erst einmal strukturiert, haben Sie Lust mit dem Rest weiterzumachen, der da jetzt zum Beispiel noch am Boden steht. Der Schreibtisch ist also sozusagen Ihr Zugpferd auf dem Weg in eine gute Organisation.

(H)einzel-Tipp

◆ Wenn wir die Box mit den bunten Schmierzetteln nicht mehr täglich sehen, benutzen wir Sie auch nicht, sondern müssen uns disziplinieren, zunächst einmal alles, was wir schriftlich festhalten wollen, auf unseren ohnehin vorliegenden Block (um dann zu entscheiden, was mit der Info zu tun ist und wo sie festgehalten werden muss) oder direkt in den PC zu schreiben.

◆ Und dadurch, dass das Visitenkartenkästchen vom Schreibtisch verschwunden ist, müssen wir uns disziplinieren, die Outlook-Adressdatei zu benutzen.

Zählen Sie in Zukunft jeden Abend, bevor Sie das Büro verlassen, Ihre Gegenstände auf dem Schreibtisch durch und stellen Sie sicher, dass Sie sich nicht vermehrt haben. Um uns mit Veränderungen vertraut zu machen und andere Verhaltensweisen anzugewöhnen, brauchen wir im Schnitt 30 Tage. Seien Sie also einen Monat lang konsequent bei der Überwachung Ihrer abgezählten Gegenstände.

2.2 Der Platz im und um den Schreibtisch

Bevor Sie entscheiden, was mit den Dingen passiert, die zuvor auf Ihrem Schreibtisch Platz hatten, lassen Sie uns einmal über den so genannten Greifraum nachdenken. Wenn wir bei der Einrichtung unseres Büros den Greifraum berücksichtigen, schaffen wir eine wichtige Voraussetzung für die funktionale und ergonomische Gestaltung unseres Arbeitsplatzes. Es geht dabei darum, nur die Vorgänge und Arbeitsmittel im direkten Zugriff zu haben, die wir ständig benötigen oder die wir gerade im Moment bearbeiten.

Der Greifraum unterteilt sich in diese drei Kategorien:
◆ Der direkte Greifraum – die Arbeitsfläche – dient der Bearbeitung oder Behandlung aktueller Unterlagen.
◆ Der erweiterte Greifraum – die Bereitstellungsfläche – liefert Raum für Unterlagen, die wir auf Zugriff zur Hand haben müssen, die aber nicht tagesaktuell bearbeitet werden. Der „erweiterte Greifraum" befindet sich in der Horizontalen (Ablageborde) und Vertikalen (Papier-Management-Organisation), in Arbeitsplatzcontainern und seitlichen Beistellschränken.
◆ Der maximale Greifraum – die Reservefläche – ist für Unterlagen und Arbeitsmittel vorgesehen, auf die wir weniger häufig zurückgreifen müssen.

Schauen wir uns im Hinblick darauf unsere Büromöbel einmal genauer an.

2.3   Das Hängeregal im direkten Zugriff

Irgendwie sind sie ein bisschen aus der Mode gekommen, die Hängeregale, dabei gibt es sie mittlerweile in allen möglichen und für jeden Typ passenden Designs. Mit solchen Regalen können wir auch bei kleinen Büros einen Raum nutzen, der ansonsten nur von Bildern oder einem Kalender geschmückt wird, und sparen Platz.
Am besten hängen wir ein solches Regal so auf, dass man es mit ausgestrecktem Arm oder höchstens kurzem Aufstehen (das schadet ohnehin nicht) erreichen kann. In diesem Regal finden Dinge Platz, die Sie beinahe täglich einmal brauchen,

wie vielleicht der Duden, ein Fachlexikon Ihrer Branche, vielleicht auch ein oder zwei bunte Kästchen, die vielfach verwendbar sind. Warum nicht auch Ihren Glücksbringer, der seinen Platz auf dem Schreibtisch räumen musste.

Wichtig ist nur, dass das Regal nicht überladen wird und dass es so bestückt wird, dass der optische Eindruck von Ordnung erhalten bleibt. Entscheidungskriterium für die Einrichtung Ihres Hängeregals: Brauche ich dieses Nachschlagewerk, diese Unterlage mehrfach in der Woche?

2.4 Die Schreibtischschubladen

Haben Sie noch einen Schreibtisch mit Schubladen – prima, dann finden hier eine Menge Dinge Platz, die vorher auf Ihrem Schreibtisch standen: nicht täglich genutztes Schreibwerkzeug, der Hefter, Radierer, das Lineal, Füllerpatronen, Briefmarken etc.

Einzige Bedingung für die Einrichtung Ihrer Schublade für Kleinzeug ist: Arbeiten Sie mit einem Schubladentrenner, der es Ihnen ermöglicht, dauerhaft Ordnung zu halten. Ohne diese Trenner fliegt bei jedem Öffnen und Schließen der Schublade oder auch durch schnelles Suchen unter Zeitdruck wieder alles durcheinander und im Nu haben Sie wieder ungewollt eine Chaos-Schublade.

In den größeren Schubladen, die ja zu Ihrem direkten Greifraum gehören, finden je nach Arbeitsaufgabe die Unterlagen Platz, auf die Sie häufig und gegebenenfalls schnell zurückgreifen müssen. Aber: Zeitschriften, in denen Sie einen bestimmten Artikel nachlesen möchten, gehören genauso wenig in diese Schubladen wie Gesetzestexte oder gar Schriftstücke, die Sie bei Gelegenheit mal ablegen wollen.

Ein Papiertrenner für diese Schubladen bietet sich an, wenn Sie trotz Internet und E-Mail-Verkehr viele Formulare benötigen: Briefpapier, Reisekostenabrechnungen, Fax-Vorlagen, Bestellformulare, Kurzmitteilungen etc., also all das, was unter die Rubrik „dynamische Arbeitsunterlagen" fällt.

Dinge, mit denen Sie kurz- oder mittelfristig arbeiten wollen, gehören in Ihren direkten Zugriff.

2.5 Der Rollcontainer

Der Container ist häufig ähnlich aufgebaut wie die im Schreibtisch integrierten Schubladen, bietet allerdings in der Regel keine größeren Schubladen, sondern Platz für eine Hängeregistratur. Sie ist der beste Platz für alle Akten, mit denen Sie aktuell arbeiten, und für alle Vorgänge, die Sie noch bearbeiten wollen. Anstelle einer Wiedervorlagemappe können Sie hier auch Mappen unterbringen, die unter die Rubrik „Telefonieren", „Zur Besprechung mit dem Chef/Mitarbeiter" oder Ähnliches gehören.

2.6 Der Caddy

Im Unterschied zum Rollcontainer ist der Caddy ein moderneres Möbel, das nicht nur eine Menge Platz für Ihre täglichen Unterlagen bietet – mit schnellem Zugriff, denn er lässt sich von vorne und von der Seite öffnen –, sondern aufgrund seiner Höhe auch ideal zum Arbeiten im Stehen geeignet ist, da ein Laptop bequem darauf Platz findet.
Der Caddy findet seinen Platz neben dem Schreibtisch. Da er auf Rollen steht, ist er auch ein praktisches Möbelstück für den mobilen Arbeitsplatz. Er nimmt viel weniger Platz in Anspruch als ein feststehender Schreibtisch und lässt sich beliebig dort andocken, wo gerade ein Arbeitsplatz frei ist. Der eigene Posteinwurf sorgt dafür, dass auch Ablagefächer für Außendienstler mit seltenen Bürotagen überflüssig werden. Vielleicht ist der Caddy das Büromöbel der Zukunft.

2.7 Das Sideboard hinter Ihnen

Das Sideboard, das hinter Ihnen steht, ist im besten Fall durch Drehen des Bürostuhls zu erreichen, und darin sind die Ordner untergebracht, die Sie am häufigsten brauchen. Auf dem Sideboard – also gut erreichbar – stehen die Körbchen, die Ihnen sinnvoll erscheinen.

2.8 Das Bücherboard

Ob Sie ein Bücherregal benötigen, hängt natürlich von Ihrem Job ab. Wenn Sie eines brauchen, richtet sich seine Größe nach der Menge der Bücher, die Sie verfügbar halten.

(H)einzel-Tipp

Lassen Sie beim Einräumen Luft, sodass die nach und nach hinzukommenden Bücher noch auf längere Sicht ihren Platz finden und Sie nicht so schnell wieder umräumen oder erweitern müssen.

Das Bücherregal darf im Büro so angeordnet sein, dass Sie darauf schauen, zum einen, weil der Anblick von Büchern auf viele Menschen eine beruhigende Wirkung hat, zum anderen, weil es als (idealerweise) einziges offenes Regal eine persönliche Atmosphäre in Ihrem Gesichtsfeld liefert.
Bücherregale mit vorgegebener Einteilung (z. B. Quadrate) erleichtern Ihnen das sinnvolle Bilden von Büchergruppen.

2.9 Weitere Schränke und Boards

Am besten organisiert sieht Ihr Büro aus, wenn Ihre Schränke geschlossen sind. Auch wenn Ordner ja nur in einer bestimmten Ordnung aufgestellt werden können, sieht es für einen Besucher nicht unbedingt schön aus, wenn Sie Ordner in verschiedenen Farben, womöglich unterschiedlicher Hersteller und bei einigen sogar mit individueller Beschriftungsart – handschriftlich oder ausgedruckt – kreuz und quer durcheinanderstehen haben.

Je nach Aufgabe ist es wichtig, dass Sie eine entsprechende Anzahl von Schränken abschließen können, denn der Gehaltsordner, in dem man mal eben schauen kann, was denn der Kollege verdient, soll sicher nicht jedem zugänglich sein. Die Ordner, die auch Kollegen benötigen und zu denen sie Zugang haben müssen, sollten in Schränken, die möglichst nah an der Tür stehen, untergebracht sein. Das Gleiche gilt auch für Formulare, die Kollegen bei Ihnen finden.

In die geschlossenen Schränke gehört auch alles, was Sie an größeren Materialien in Ihrem Büro benötigen, aber nur zu bestimmten Gelegenheiten. Am besten aufgehoben sind all solche Gegenstände in entsprechend großen Boxen, hier heißt es aber vorher gut messen, denn manche Büroschränke sind nur für Ordner ausgelegt, sodass eine Box mit DIN-A4-Papier nur quer in einen solchen Schrank passt und Sie damit eine Menge kostbaren Platz verschenken.

Bewahren Sie in Ihrem Büro Büromaterialien für die gesamte Abteilung auf, so achten Sie unbedingt darauf, dass sie diese in einem abschließbaren Schrank verschließen. Die Sammler unter den Kollegen können immer sehr viele Kulis, Radierer und Scheren gebrauchen. Es ist unnötig, sich auf diese Weise Konflikte zu schaffen.

(H)einzel-Tipp

Kaffeegedeck, Filtertüten, Kekse und alles, was Sie sonst zur Gästebewirtung brauchen, gehört im Normalfall nicht in Ihr Büro, sondern in die Küche oder einen eigens dafür vorgesehenen Raum. Das hat zum einen Hygienegründe, zum anderen wird aber damit auch kostbarer Büroraum nicht mit Dingen vollgestellt, die Sie bequem woanders holen können, wenn Sie sie brauchen.

2.10 Der Papierkorb

Ein viel zu wenig beachtetes und genutztes Möbel ist der Papierkorb und deshalb erhält er in diesem Buch zu seiner Rehabilitierung ein eigenes, kleines Kapitel.

Er steht in der Regel unter dem Schreibtisch und wird deshalb von Besuchern auch in der Regel nicht gesehen. Als Möbelstück wird er schon gar nicht betrachtet und deshalb ist er meist nichts anderes als eine mittelgroße oder große schwarze, weiße oder graue Tonne.

Rein psychologisch ist der Papierkorb eher etwas Unangenehmes: Er läuft über, wenn er nicht regelmäßig geleert wird, er erinnert an Müll, er hat die Neigung, schmutzig zu werden, auch wenn wir mit Mülltüten arbeiten etc. Was in ihm landet, ist durch's Rost der interessanten Informationen gefallen.

Vielleicht hilft es, wenn wir unsere Einstellung zum Papierkorb ändern, um ihn öfter zu benutzen. Er ist letztendlich ein Möbelstück, das uns entlasten kann wie kaum ein anderes: Der Papierkorb macht frei!

Damit es ein noch besseres Gefühl ist, ihn tatsächlich zu benutzen, sollte er in Form und Farbe Ihren Vorstellungen entsprechen. Für den Ästheten darf es sicher der chromfarbene Behälter einer Edelmarke sein, für den Kreativen vielleicht der Behälter mit Motiven eines aufstrebenden Künstlers, der chronische Sammler mag Hilfe zur Selbsthilfe leisten, indem er den Papierkorb mit großen Aufschriften wie „Lass mich nicht leer ausgehen!" versieht ...

Der Papierkorb ist für die meisten von uns ein echtes Stiefkind. Ziehen Sie Ihren einmal aus seiner Ecke hervor. Ist er einladend? Wenn nicht, fassen Sie sich ein Herz und Ihr

Portmonee und investieren Sie in Ihre Freiheit: Kaufen oder gestalten Sie sich einen neuen Papierkorb.

Sie haben Ihren Schreibtisch sortiert und die Dinge, die auf dem Boden standen, entsprechend Ihrem Wissen um den Greifraum einem neuen Platz zugeführt – wahrscheinlich ist Ihnen dabei aufgefallen, wie viel Papier Sie in Ihrem Büro haben, und das trotz der Entwicklung zum papierlosen Büro.

Papier hat eine seltsame Neigung: Wo erst einmal ein Bogen ist, da sind plötzlich ganz viele. Papier rottet sich offensichtlich zusammen und folgt damit einem Beispiel in der Natur: In Afrika rotten sich auch Tiere zusammen, die von einem Tiger bedroht werden, weil man in der Gemeinschaft stärker ist und einzelne in der Gesamtheit untergehen und geschützt werden. So ist es auch beim Papier: Bilden sich erst einmal Stapel, geht das eine völlig überflüssige Blatt vollkommen unter.

Nicht die einzige, aber eine Lösung für das Zusammenrotten ist die rechtzeitige Entscheidung für den Papierkorb. Unser Sicherheitsbedürfnis verhindert offensichtlich, dass wir ihn konsequent nutzen, dabei leben wir in einem Informationszeitalter und können uns jede Information, die einmal versehentlich im Papierkorb gelandet ist, wiederbeschaffen. Das ist so einfach wie nie zuvor.

Ich möchte Sie deshalb ermutigen – denn ja, es gehört Mut dazu –, den Papierkorb viel häufiger als bisher zu nutzen und sich bewusst zu sein, dass all die Dinge, die Sie später einmal lesen wollen, in der Regel nicht später, sondern niemals gelesen werden. Was uns wichtig ist, lesen wir im Normalfall sofort (so sind wir Menschen scheinbar gestrickt), was uns nicht wichtig erscheint, lesen wir nie.

Treffen Sie also in Zukunft mutige Entscheidungen zugunsten des Papierkorbs und entlasten sich dabei erheblich!

3 Entstapeln, Ordnen und Ablegen

Wie Sie erfolgreich loslegen können

Diesen Mut, „Papierzusammenrottungen" zu zerschlagen, haben wir vielleicht in der Vergangenheit nicht immer gehabt, aber jetzt heißt es handeln, weil schon der Anblick der Papierstapel uns daran erinnert, dass wir unsere Arbeit in der dafür vorgesehenen Zeit nicht organisiert bekommen.

Stapel sind eine permanente Belastung für unser Gedächtnis, weil es eine kaum vollbringbare Leistung ist, sich jederzeit auf Abruf zu erinnern, in welchem Stapel der nun gerade gesuchte Vorgang liegt. Stapel geben uns zudem das Gefühl, nicht kompetent zu sein, sie machen Druck, und Druck macht schlechte Laune. Schlechte Laune motiviert nicht, den Papierbergen zu Leibe zu rücken.

Sind die Papierberge erst auf ein gewisses Niveau angewachsen, ist es illusorisch zu glauben, wir könnten ihrer mit einem Schlag Herr werden. Wir warten immer auf einen geeigneten Zeitpunkt für die große Aktion: Wenn der Chef auf Reisen ist, wenn das neue Projekt abgeschlossen ist …

Dummerweise wachsen die Berge aber während der Wartezeit weiter und die innere Blockade nimmt ständig zu, sodass wir für jede Entschuldigung, warum es jetzt gerade nicht geht, dankbar sind. Auf den folgenden Seiten erhalten Sie Tipps, wie Sie erfolgreich loslegen können.

3.1 Laufende Vorgänge und Wiedervorlage

Aktuelle Vorgänge führen Sie am besten über eine To-do-Liste oder über eine Funktion von Lotus Notes, MS Outlook oder ähnlichen Programmen. Das hat den Vorteil, dass Sie die Liste der Aufgaben jederzeit ausdrucken können und den Bearbeitungs(zu)stand erkennen und in Kundenterminen oder Besprechungen präsentieren können. Sie haben so auch die Möglichkeit, innerhalb der einzelnen Aufgaben ganze Verläufe zu dokumentieren, schaffen damit Transparenz und treffen Vorsorge für den Vertretungsfall.

Arbeiten Sie gern mit einer To-do-Liste, sollten die dazugehörigen Papierunterlagen in Vorgangsordnern, Hängeablagen mit direktem Zugriff oder in speziellen Mappen mit Unterteilung (z. B. nach Nummern oder auch alphabetisch) sortiert werden. Eine gute Beschriftung und ein Inhaltsverzeichnis sind dabei wichtig und die To-do-Liste eignet sich dafür hervorragend. Mit diesem System haben Sie Ihre laufenden Vorgänge immer im Blick und im Griff und halten sich den Kopf frei, weil das System Sie daran erinnert.

Allerdings gehört – je nach Aufgabe und Arbeitsplatz – auch im Zeitalter von Outlook, digitalem Kalender und Blackberry eine Wiedervorlagemappe an einen Arbeitsplatz (im Sekretariat auf jeden Fall!). Diese Wiedervorlage dient nicht der Verwaltung offener Vorgänge, sondern sollte nur bei den Unterlagen eingesetzt werden, die zu einem bestimmten Termin gebraucht werden. Der allmorgendliche Blick in die Wiedervorlage entscheidet mit über den Ablauf des Tages.

Je nachdem, wie viel Wiedervorlage Sie haben, empfiehlt sich ein Pultordner (01–31, also nach Kalendertagen gegliedert) oder eine umfangreichere Hängewiedervorlage, für die Sie sich 31 Hängemappen für jeden Tag und zusätzlich zwölf Hängemappen für die einzelnen Monate einrichten. Bei Ablauf des laufenden Monats, also am letzten Werktag, nehmen Sie den Ordner für den Folgemonat und ordnen den einzelnen Hängemappen 01–31 die entsprechenden Tage zu.

3.2   Endstation Ordner

Schriftstücke oder Vorgänge, die erledigt sind, aber dauerhaft aufgehoben werden müssen, gehören in einen Aktenordner, deshalb ist es günstig, zu jeder Hängemappe mit dynamischen Vorgängen einen thematisch passenden Ordner zu haben. Was nicht aufgehoben werden muss, kommt sofort in den Papierkorb. Überlegen Sie vor dem Ablegen in den Aktenordner gut:

◆ MUSS ich dieses Schriftstück wirklich aufbewahren, muss ich den gesamten Vorgang ablegen oder reicht es, wenn ich ein Blatt, aus dem die wichtigsten Inhalte hervorgehen, ablege?

◆ Handelt es sich um eine Information, die verloren ist, wenn ich sie nicht ablege, oder kann ich sie mir im Zeitalter des Internets, in dem ich leichten und schnellen Zugang zu fast allen Informationen habe, jederzeit wiederbesorgen?

◆ Muss ICH das Schriftstück archivieren oder reicht es, wenn es in einer anderen Abteilung abgelegt ist und ich bei Bedarf darauf zugreifen kann?

Dabei spielt die Frage eine Rolle, wie groß mein Sicherheitsbedürfnis ist und wie sehr ich in der Lage bin, anderen und ihrer Verlässlichkeit zu vertrauen.

(H)einzel-Tipp

Entlasten Sie doch Ihr Gedächtnis, indem Sie sich einen Ordner „Gedächtnisstütze" anlegen. Mit Hilfe einer Liste können Sie dann immer genau sehen, was Sie mit welchem Vorgang getan haben. Eine solche Liste kann zum Beispiel so aussehen:

Vorgang/ Kunde	erledigt am	abgelegt unter	weitergeleitet an
XY	26.06.05	Papierkorb	Sylvia Hufstädt
ABC	03.07.05	abgelehnte Anfragen	Rolf Hammer

Diese Liste – die Sie natürlich auch ausschließlich im PC führen können – ermöglicht es Ihnen, bei einer Nachfrage schnell zu reagieren und einen Vorgang sofort wiederzufinden oder wiederzubesorgen. Insbesondere für die Fälle, in denen ein Vorgang thematisch unter verschiedenen Rubriken abgelegt sein könnte, ist eine solche Erinnerungsstütze nützlich.

Natürlich sind die Rubriken einer solchen Liste von Ihrem Bedarf abhängig, Sie könnten sie zum Beispiel ergänzen um „Thema", „Ergebnis" oder andere Kriterien, die Sie für sinnvoll halten. Machen Sie es sich leicht:

> Je zügiger das Ausfüllen erledigt ist, desto größer ist die Chance, dass die Liste auch dauerhaft geführt wird.

3.3 Die Hängeregistratur und ihre Beschriftung

Schauen Sie einmal, wie Sie Ihre Ordner und Hängemappen beschriftet haben. Manchmal werden Beschriftungen regelrecht vererbt: Der Vorgänger hat's so gemacht, der Vorvorgänger auch. Aber treffen diese Beschriftungen auch wirklich Ihren Geschmack? Auch die Arbeit mit Ordnern und der Hängeregistratur soll ja Spaß machen. Wie viel Spaß macht es Ihnen, ein Schriftstück in den Ordner „Angebote A–D" abzuheften? Neben der Eindeutigkeit der Beschriftung wie z. B. „Messestand 2004" kann auch Humor helfen, der leidigen Ablage ein freundlicheres Gesicht zu verleihen, wie wäre es beispielsweise mit „Best of Messestand 2004" o. Ä.? Das ist zwar etwas mehr Aufwand bei der Beschriftung, der Aufwand lohnt aber, wenn Sie dafür schmunzeln müssen, wenn Sie die Tür Ihres Aktenschrankes öffnen.

Abzuraten ist von Beschriftungen wie „Dringend!" oder „Sofort zu erledigen!", denn damit machen Sie sich selber Druck. Unnötiges Amtsdeutsch sorgt für Starre und erinnert an Bürokratie. Warum schreiben Sie anstatt „Zu erledigen!" nicht beispielsweise „Beantworte mich!"?

Denken Sie einmal darüber nach: Organisation und Ordnung haben zwar etwas mit Disziplin, aber nichts mit Druck und altbackenen Formulierungen zu tun. Nur weil's der Vorgänger so gemacht hat, heißt das noch lange nicht, dass Sie es genauso machen müssen.

Nutzen Sie Ihre persönliche Freiheit und geben Sie Ihrem Büro Ihre persönliche Note.

3.4 Veränderung hält die Hängeregistratur lebendig

Sorgen Sie dafür, dass Ihre Hängeregistratur lebt. Scheuen Sie sich nicht, die Namen der Mappen häufig zu wechseln. Ist ein Projekt zum Beispiel abgeschlossen, wird das, was aufgehoben werden muss, in einen Aktenordner übernommen. Die alte Mappe bekommt dann sofort den Namen des neuen Projektes. Um hier nicht in Aufschieberitis zu verfallen, ist es günstig, wenn Sie eine Hängemappe opfern, in der Sie alles sammeln, was Sie zur Pflege der Hängeregistratur brauchen, also auch die Schildchen. Die bunten Klebezettel sollten wir zwar nur sehr sparsam einsetzen, weil Sie zur Zettelwirtschaft verleiten, aber gerade bei der Hängeregistratur können Sie hilfreich sein, wenn wir langes Blättern vermeiden und schnelles Reagieren begünstigen wollen.

(H)einzel-Tipp

Kleben Sie auf den Deckel der Hängemappe einen Aufkleber mit dem Namen Ihres Ansprechpartners, der Telefonnummer, dem letzten Kontakt oder dem aktuellen Stand der Dinge, so sparen Sie erheblich Zeit, wenn Sie „schnell mal anrufen" wollen.

Hilfreich für eine schnelle Reaktion – sofern das nicht eh per Mail geklärt wird – ist es auch, wenn Sie in der Hängemappe, die Sie zur Pflege der Registratur eingerichtet haben, vorbereitete Brief- und Faxbogen für Schnellantworten in Pa-

pierform bereithalten, so können Sie in einem Arbeitsgang
Anfragen schnell beantworten und Bitten zügig erfüllen.

3.5 Die Hängeregistratur und ihre Originalität

Mit Hilfe einer Hängeregistratur lässt sich ALLES organisieren, wenn man es nur clever genug anstellt. Bleiben Sie
kreativ im Entdecken neuer Anwendungen. Gibt es Dinge,
Vorgänge, die Sie immer wieder suchen müssen? Dann bringen Sie sie in der Hängeregistratur mit Ihrem direkten Zugriff unter.

Schreiben Sie mit Füllhalter? Wo bewahren Sie denn das Lösch-
papier auf? Kommen manchmal Besucher zu Ihnen, die Kinder
oder Hunde dabeihaben – wo bewahren Sie denn die Süßigkeiten
oder Hundeleckerlis auf? Fallen Ihnen manchmal interessante
Texte, Gedichte oder Zitate auf, die Sie vielleicht für die Weih-
nachtsaktion gebrauchen können, und heben Sie sie deshalb
nicht auf (oder schneiden sie aus), weil Sie keinen Ordner dafür
haben? Vielleicht ist die Hängeregistratur die Lösung!

3.6 Abspecken fürs Wohlbefinden

Die meisten von uns fühlen sich leistungsfähiger, wenn sie
ein paar Kilo abgespeckt haben. Wir fühlen uns dann nicht
nur leichter, sondern auch erleichtert und leistungsfähiger.
Auch unsere Hängeregistratur leistet mehr (für uns), wenn
wir sie regelmäßig abspecken. Durchforsten Sie Ihre Registratur, wenn sie zu voll aussieht und einzelne Mappen sich
nur noch schwer herausnehmen lassen.
In jeder Mappe gibt es Dinge, die sich längst erledigt haben.
Das geht schneller als man denkt – nach 10 Minuten des
„Abspeckens" sind unsere Mappen in der Regel wieder voll
funktionstüchtig. Träumen Sie aber angesichts zu voller

Mappen nicht vom großen „Rundumschlag", der Aufräumaktion, bei der dann alles perfekt ist – diese Aktion findet bei den meisten von uns niemals statt.

Machen Sie lieber einen kleinen 10-Minuten-Schritt, aber den sofort.

3.7 Außenstationen zur Entlastung von Ordnern

Vielleicht kennen Sie auch solche Vorgänge, zu denen Sie umfangreiche Geschäftsberichte oder Produktinformationen eines Kunden ablegen wollen, die sich zwar mit Hilfe von Klebelaschen in Ihren Ordnern unterbringen lassen, aber aufgrund ihres Umfangs schnell dazu führen, dass sich der Ordner schon nach kurzer Zeit nicht mehr schließen lässt. Wenn Sie dann weiter vorne etwas aus dem Ordner herausnehmen, laufen Sie Gefahr, dass Ihnen jede Menge Papier entgegenschießt und Sie Mühe haben, den Wust wieder zurückzudrängen. Deshalb die Empfehlung:

Dinge, die nicht oder schlecht in den Ordner oder die Hängemappe passen, können Sie zum Beispiel in Stehsammlern lagern.

Achten Sie darauf, dass dieser aus stabilem Material, also wenn möglich nicht aus Pappe ist. Geben Sie dem Stehsammler eine eindeutige Beschriftung und stecken Sie als Erinnerung den Begleitbrief zum Geschäftsbericht in die Hängemappe. Eine kurze Notiz darauf „Geschäftsbericht im Stehsammler" sorgt dafür, dass Sie nicht lange suchen müssen.

3.8 Das, was nirgendwo reinpasst ...

Oft bleiben auf dem Schreibtisch oder in der Ablage chronisch solche Schriftstücke liegen, von denen wir nicht wissen, wo wir sie ablegen sollen, weil sie in keine Kategorie passen. Eröffnen Sie entsprechende Mappen unter der Beschriftung „Ich gehöre nirgendwo rein" oder „Ich habe noch keinen festen Platz". Entweder, die Schriftstücke bleiben „Eintagsfliegen", die sie nach einiger Zeit in Ihren neuen Papierkorb werfen können, oder es sind nach einiger Zeit genügend Schriftstücke der gleichen Richtung vorhanden, dass es sich lohnt, einen neuen Ordner anzulegen und sie dort endzulagern.

(H)einzel-Tipp

Legen Sie einen solchen Ordner „Das, was nirgendwo reinpasst" sofort an, denn erfahrungsgemäß haben Sie schon morgen wieder etwas auf dem Tisch, von dem Sie (noch) nicht sicher sind, ob Sie es dauerhaft behalten wollen, ob es sich lohnt, einen Ordner dafür anzulegen. Dinge, die von einer Ecke des Schreibtisches auf die andere geschoben werden oder bei der Ablage immer wieder im Korb zurückbleiben, sind unnützer Ballast.

3.9 Das Desk-Memory-Buch gegen die Zettelwirtschaft

Zugegeben, ich bin nicht für Anglizismen, schon gar nicht, wenn sie mit deutschen Wörtern zu einem komischen Brei verrührt werden, aber dem Desk-Memory-Buch verzeihe ich seinen Namen, weil es einfach eine unglaublich sinnvolle Erfindung ist. Es darf auf dem Schreibtisch liegen, denn es ist ja zum Schreiben da, es verschwindet nicht so leicht, weil es ein ordentliches Format hat und nicht zu übersehen ist, es ist sozusagen Ihr zweites Gedächtnis.

Jeder Name, jede Telefonnummer, jede noch so kleine Information, die sich aber vielleicht später als wichtig erweist, kann in ein solches Buch geschrieben werden. Das sieht viel ordentlicher aus als die vielen kleinen Post-its, die an Ihrem

PC oder auf dem Schreibtisch kleben. Und der große Vorteil: Es verschwindet nichts! Ihr Schreibtisch bleibt leer und Sie können jederzeit später noch einmal nachsehen, wann Sie mit wem telefoniert haben.

Schreiben Sie morgens das aktuelle Datum auf eine freie Seite und notieren Sie alles in Ihrem Buch, was ansonsten auf Zetteln stehen würde. Haben Sie dann doch wieder einmal einen Schmier- oder Klebezettel verwendet, kleben Sie ihn einfach in das Desk-Memory-Buch ein.

Wählen Sie – Ihrem Geschmack entsprechend – ein Buch aus, in das Sie gerne schreiben. Wenn Sie ein Buch mit perforierten, vorgelochten Seiten wählen, können Sie schnell mal eine Seite heraustrennen und sie in den entsprechenden Ordner heften, wenn es erforderlich ist oder wird.

(H)einzel-Tipp

Wenn Sie sich mit jemandem einen Arbeitsplatz teilen, aber nur wenig Zeit für den Austausch bleibt, bietet Ihnen das Desk-Memory-Buch eine gute Möglichkeit, sich gegenseitig zu informieren. Auch sonst schnell vergessene Kleinigkeiten bleiben erhalten. Und wenn Sie eine Ihrer genialen Blitzideen haben: Schreiben Sie sie ganz schnell auf – das Desk-Memory-Buch ist auch dafür geeignet.

3.10 Staus frühzeitig erkennen

Wenn Sie trotz guter Vorsätze mit dem Aufräumen nicht nachkommen, liegt es häufig an einer Kleinigkeit: ein Stau, den Sie auf den ersten Blick gar nicht bemerken, weil er sich am Ende der Ordnungskette befindet. Ein Beispiel:

Auf Ihrem Schreibtisch sammeln sich Kontoauszüge. Der Ordner für die Auszüge ist aber randvoll und Sie müssten einen neuen anlegen, was aber im Moment schwierig ist, weil das Regal bis auf den letzten Zentimeter mit Ordnern gefüllt ist. Eine komplette Umorganisation des Regals wäre notwendig, aber dazu haben Sie im Moment keine Zeit. Auf dem Schreibtisch stapeln sich bald nicht nur die Kontoauszüge, sondern auch viele andere Schriftstücke. Sie wissen, dass irgendwo die wichtigen Bankbelege liegen, trauen sich aber gar nicht an den Stapel heran – ein Teufelskreis.

Entwickeln sie ein Gespür für derartige Staus und nehmen Sie die erforderlichen Maßnahmen sofort in Angriff, damit aus einem kleinen Schneeball, der lange genug durch den Schnee gewälzt wird, nicht eine riesige Schneekugel wird, die Sie zu überrollen droht.

Prüfen Sie kritisch:

◆ Was hindert Sie momentan daran, die herumliegenden Dinge aufzuräumen?
◆ Was ist die Ursache für Ihre Unlust: eine überquellende Registratur, ein schwer erreichbarer Ordner oder eine noch nicht existierende Ablage für ein neues Arbeitsgebiet?

Beherzigen Sie das Prinzip der kleinen Schritte: Sie können und müssen nicht alle Blockaden auf einmal besiegen. Wenn Sie aber einen einzigen Störenfried erkannt haben, beseitigen Sie das aktuelle Problem sofort.

Der Ordner mit den Kontoauszügen ist voll? Legen Sie einen neuen an und stellen ihn so lange neben den Schrank bis Sie sich Zeit nehmen wollen, das Regal umzuräumen. So unterbrechen Sie den Teufelskreis und erzeugen einen positiven Schneeballeffekt.

Hilfreich ist dabei die Idee, Ihren Schreibtisch als Abbild Ihres Gehirns zu betrachten: was auf Ihrem Schreibtisch steht, haben Sie im Kopf. Ein gut sortierter Tisch ist ein aufgeräumter Geist.

3.11 Die Dreierregel und der Tauschhandel

Jedes Mal, wenn Sie in einem stetig wachsenden Informationsordner etwas suchen, entfernen Sie drei veraltete Informationen. Bedenken Sie das Prinzip der kleinen Sofort-Schritte.

> Freuen Sie sich über jedes Stück Papier, das im Altpapier landet: Es erleichtert Ihre Mappen, Ihr Gewissen und Ihr Zeitbudget.

Um Ihre Ablage nicht zu einer explosionsartig wachsenden Papierflut zu machen, werfen Sie für jede neue Information, die hineinkommt sofort eine ältere hinaus. Betrachten Sie Ihre Papiere nicht als unvergänglichen Besitz, sondern als Gäste, die nicht ewig bleiben müssen.

3.12 Die Zwischendurch-Strategie und das Verfallsdatum

Behalten Sie Ihre gesamte Ablage durch regelmäßiges Durchsehen im Griff.

Legen Sie dazu am Vorabend jedes Tages eine oder zwei (keinesfalls aus Übereifer mehr!) zu verschlankende Mappen, Ordner oder Ablagekörbe auf Ihren Schreibtisch. Am nächsten Tag schauen Sie diese dann „so ganz nebenbei" durch, z. B. bei Wartezeiten, zwischen zwei Terminen oder zur Entspannung, wenn Sie Ihr persönliches Tagestief spüren.

Kennzeichnen Sie Mappen oder Ordner, die zu einem bestimmten Zeitpunkt Ihren Nutzen verlieren, mit einem auffälligen „Verfallsdatum", z. B. mit:
◆ „Ins Altpapier am 31.12.2011" oder
◆ „Ins Archiv am 30.06.2011"

Das ist z. B. bei zeitraumbezogenen Planungen und Kalkulationen möglich. Zusätzlich können Sie in diesen Fällen eine Wegwerf-Erinnerung in Ihre Wiedervorlage legen oder in Ihren Terminkalender aufnehmen.

3.13 Die 75-%-Regel

Damit es gar nicht erst zu Staus kommt, reagieren Sie nicht erst bei 120% Überfüllung Ihrer Ordnungssysteme, sondern agieren Sie bereits bei einem Auslastungsgrad von 75%:

◆ Betrachten Sie einen Ordner als voll, wenn er etwa zu 75% gefüllt ist.
◆ Ein Regalbrett von einem Meter Breite sollte nur 75 Zentimeter Bücher und Ordner enthalten (nehmen Sie eventuell Buchstützen zu Hilfe, damit die Ordner nicht umfallen).

Es ist wesentlich einfacher zu handeln, wenn Sie handeln KÖNNEN, als zu handeln, wenn Sie unbedingt handeln MÜSSEN. Denken Sie daran, dass wir uns in der Verbindung mit „müssen" fremdbestimmt fühlen und deshalb innere Barrieren gegen die unvermeidbare Tätigkeit aufbauen. In der Kombination mit „können" fühlen wir uns in der Handlung als Macher, als Agierender, der selbst seine Ordnungssysteme kontrolliert, und zwar dann, wenn er selbst es will. Das ist für die Leichtigkeit, mit der wir die Dinge umsetzen, ein Riesenunterschied.

3.14 Das Projektfest

Menschen, die in langfristigen Projekten arbeiten, ist ein „ordentlicher" Abschluss durch ein so genanntes „Projektfest" wichtig. Schließen Sie in den Abschluss eines Projektes oder einer Aufgabe doch einfach Ihre Ablage mit ein und gehen Sie alle betroffenen Ordner und Mappen durch.

Geben Sie alle nicht mehr benötigten Unterlagen, Schreiben und Bücher zurück oder werfen Sie sie fort. Nur für das, was später noch gebraucht werden könnte, legen Sie einen Archivordner an. Und dann? Konsequentes Handeln darf belohnt werden: Feiern Sie, dass Sie es geschafft haben.

3.15 Aufschieberitis ade!

Packen Sie die unangenehmen Aufgaben als Erstes an. Das kann zum Beispiel eine Mehrwertsteuerabrechnung, eine Statistik, ein Brief zu einer Reklamation, die sie nicht anerkennen können, oder ein Telefonat mit einem schwierigen Kunden sein. Früher oder später muss es ohnehin erledigt werden, je länger Sie warten, desto größer die Qual. Oder andersherum:

> Je schneller Sie handeln, desto höher das Maß an Zufriedenheit mit sich selbst.

(H)einzel-Tipp

Reservieren Sie sich Extra-Zeit, in der Sie möglichst ungestört einen solchen unangenehmen Vorgang bearbeiten können. Teilen Sie die Aufgabe in Teilschritte auf, wenn der Zeitrahmen nicht ausreicht. Nach getaner Arbeit sind Kopf und Schreibtisch „in Ordnung".

3.16 Aufbewahrungsfristen nicht überschreiten

Wir sind immer ängstlich bedacht, die Aufbewahrungsfristen nicht zu unterschreiten, aber sind wir genauso darauf bedacht, sie nicht zu überschreiten?
Längst nicht alle Unterlagen und Dokumente haben eine Aufbewahrungsfrist von zehn Jahren und häufig werden alte Dokumente über einen viel längeren Zeitraum aufgehoben,

weil sie einfach in Ordnern in Vergessenheit geraten. Der Platz in unseren Regalen wird immer enger und die Stapel Papier, die nicht mehr in einen entsprechenden Ordner passen, immer höher.

Es gibt Fristen von sechs und von zehn Jahren, die mit dem Schluss des Kalenderjahres beginnen. Sinnvoll ist es, auf dem Ordner das Ende der Aufbewahrungsfrist zu vermerken. Zur Orientierung, wie lange welche Unterlagen archiviert werden müssen, schauen Sie sich die Übersicht auf der folgenden Seite an. (Im Einzelfall klären Sie Fristen aber auch noch einmal genau ab, indem Sie zum Beispiel Ihren Steuerberater fragen.)

Beachten Sie bitte bei elektronischer Speicherung, dass seit 2001 Betriebsprüfer des Finanzamtes weitreichende Zugriffsrechte auf elektronisch gespeicherte Daten und EDV-gestützte Buchhaltungssysteme haben. Für Daten, die nach dem 01.01.2002 entstanden sind, gilt eine 10-jährige digitale Aufbewahrungsfrist für Bücher, Buchbelege und Aufzeichnungen, Inventare, Jahresabschlüsse, Lageberichte, die Eröffnungsbilanz sowie die zu ihrem Verständnis erforderlichen Arbeitsanweisungen und sonstigen Organisationsunterlagen.

3.17 System in der Ablage

Die Aufbewahrungspflichten, die begrenzte Kapazität unseres Gedächtnisses, unser Bedürfnis nach Absicherung und die Verpflichtung, einen sicheren Informationsfluss im Unternehmen zu gewährleisten, lassen uns keine andere Wahl: Wir müssen Vorgänge und Schriftstücke ablegen und archivieren.

Das oberste Gebot für ein effektives Ablage-Management lautet: „Einfach statt mehrfach."

Aufbewahrungsfristen

(Zusammengestellt nach einem Merkblatt der IHK München))

Was ist aufzubewahren?

Aus steuerrechtlichen Gründen sind sämtliche Bücher und Aufzeichnungen aufzubewahren, die für die Besteuerung von Bedeutung sind. § 147 Abs. 1 AO nennt im Einzelnen folgende Unterlagen:

- ◆ Bücher (bei Kaufleuten Handelsbücher) und Aufzeichnungen
- ◆ Inventare
- ◆ Jahresabschlüsse bestehend aus Bilanz und Gewinn- und Verlustrechnung
- ◆ Lageberichte
- ◆ Eröffnungsbilanz
- ◆ die zum Verständnis dieser Unterlagen erforderlichen Arbeitsanweisungen und sonstigen Organisationsunterlagen
- ◆ empfangene Handels- und Geschäftsbriefe
- ◆ Wiedergaben der abgesandten Handels- und Geschäftsbriefe
- ◆ Buchungsbelege
- ◆ Unterlagen, die einer mit Mitteln der Datenverarbeitung abgegebenen Zollanmeldung nach Art. 77 Abs. 1 i. V. m. Art. 62 Abs. 2 Zollkodex beizufügen sind, sofern die Zollbehörden auf ihre Vorlage verzichtet oder sie nach erfolgter Vorlage zurückgegeben haben und
- ◆ sonstige Unterlagen, soweit sie für die Besteuerung von Bedeutung sind.

Die Aufbewahrungfrist beträgt je nach Art der Unterlage sechs oder zehn Jahre. Hier eine alphabetische Liste wichtiger Unterlagen (Auswahl):

Schriftgut	Frist in Jahren	Schriftgut	Frist in Jahren
Abrechnungsunterlagen	10	Investitionszulage	6
Abschreibungsunterlagen	10	Jahresabschlüsse	10
Änderungsnachw. EDV-Buchf.	10	Journale Hauptb. u. Kontok.	10
Angebote, (wenn Auftrag)	6	Kassenberichte	10
Anlagenvermögensbücher	10	Kassenbücher und -blätter	10
Arbeitsanw. EDV-Buchf.	10	Kassenzettel	6
Ausfuhrunterlagen	6	Kontenpläne, K-planänd.	10
Außendienstabrechnungen	10	Kontenregister	10
Bankbelege	10	Kontoauszüge	10
Bankbürgschaften	6	Kreditunterlagen	10
Belege (mit Buchfunktion)	10	Lagerbuchführungen	10
Bestell-/Auftragsunterlagen	6	Lieferscheine (Buchungsb.)	10
Betriebsabrechnungen	10	Lohnbelege, -listen	10
Betriebskostenrechnungen	10	Magnetbänder m. Buchfunkt.	10
Betriebsprüfungsberichte	6	Mahnungen, Mahnbescheide	6
Bewertungsunterlagen	10	Mietunterlagen (nach Ablauf)	6
Bewirtungsrechnungen	10	Nachnahmebelege (Buchbel.)	10
Bilanzen (Jahresabschluss)	10	Orga-unterlagen EDV-Buchf.	10
Bilanzunterlagen	10	Pachtunterlagen (n. Ablauf)	6
Buchungsanweisungen	10	Preislisten	6
Buchungsbelege	10	Protokolle (allgemeiner Art)	6
Darlehensunterl. (n. Ablauf)	6	Prozessakten (nach Beend.)	10
Dauerauftragsunterlagen	6	Quittungen	10
Debitorenlisten	10	Rechnungen	10
Depotauszüge	10	Reisekostenabrechnungen	10
Einfuhrunterlagen	6	Sachkonten	10
Einnahmenüberschussrechn.	10	Saldenbilanzen	10
Eröffnungsbilanzen	10	Schadensunterlagen	6
Exportunterlagen	6	Schriftwechsel (allgemein)	6
Fahrtkostenerstattungen	10	Spendenbescheinigungen	10
Finanzberichte	6	Steuerunterl., -erklärungen	10
Frachtbriefe	6	Telefonkostennachweise	10
Gehaltslisten	10	Überweisungsbelege	10
Geschäftsberichte	10	Umsatzsteuervoranmeldung	10
Geschäftsbriefe	6	Verbindlichkeiten	10
Geschenknachweise	6	Vermögensverzeichnis	10
Gewinn- und Verlustrechnung	10	Vermögenswirks. Leistungen	6
Grundbuchauszüge	10	Versand-/Frachtunterlagen	6
Grundstücksverzeichnis	10	Versicherungspolicen	6
Gutschriften	10	Versicherungspolicen	6
Handelsbücher	10	Verträge (Buchungsgrundl.)	6
Handelsregisterauszüge	6	Warenein-/-ausgangsbücher	10
Inventar, Inventuren	10	Zollbelege	10

Haben Sie auch einen Stapel mit der Aufschrift „To do" auf Ihrem Schreibtisch liegen? Ein klassisches Zeichen, dass Sie zu den „Mehrfachlern" gehören und sich damit unnötiger Belastung aussetzen. Denn jedes Schriftstück steht für eine Aufgabe, die noch zu erledigen ist. Ein solcher Stapel ist erdrückend, weil er unübersichtlich ist, und allzu schnell haben wir den Inhalt des Stapels vergessen und der vermeintliche Erinnerungseffekt des Schriftstücks ist dahin. Nicht neu, aber vielfach erprobt ist eine Kombination aus (elektronischem) Kalender (mit To-do-Liste) und Hängemappen.

(H)einzel-Tipp

Denken Sie doch einmal darüber nach, Ihre Ablage- oder To-do-Körbchen abzuschaffen. Sie müssten dann jedes Schriftstück, jeden Vorgang sofort seiner Bestimmung entsprechend erledigen oder zuordnen. Im ersten Moment erfordert das ein hohes Maß an Konsequenz, aber langfristig entlastet es sowohl Ihr Zeitbudget als auch Ihr Gedächtnis.

Erleichterung kann auch wieder die Hängeregistratur verschaffen, in der sich alle aktuellen Vorgänge befinden. Drehen Sie Ihren To-do-Stapel doch einmal um 90° herum und sortieren Sie die einzelnen Arbeitsaufgaben in eine Hängeregistratur ein. Nun hat jede Aufgabe ein Fach, kann mit Aufsteckreitern beschriftet und gut eingesehen werden. Aus dem unübersichtlichen Stapel wird so ein transparentes Gebilde, auf das Sie jederzeit – und ohne Zeitverlust durch langes Suchen – zugreifen können.

Durch das Ordnen und Zusammenfassen gleicher Aufgaben entstehen entsprechende „Arbeitsblöcke", die zusätzlich in eine Hierarchie gestellt werden können. Die Mappe mit den wichtigsten und dringendsten Aufgaben wird ganz vorne eingeordnet.

Um sicherzustellen, dass wir die in den Mappen unterge-
brachten Vorgänge nicht vergessen, machen wir einen entsprechenden Eintrag in der To-do-Liste, im Kalender oder
im Zeitplanbuch.

Die Hängeregistratur ist für aktuelle Vorgänge sinnvoll eingesetzt, wenn wir uns daran erinnern, dass sie als Zwischen-
station fungiert. Kein Papier sollte länger als drei Monate
darin lagern.

Checkliste für das Ablagesystem

◆ Wenn ein Brief in mehrere Ordner gehören könnte: Ist
  er im wichtigsten abgelegt und in den anderen eine
  Verweiskarte abgeheftet?
◆ Ist das Ordnungsprinzip klar und durchgängig verwirk-
  licht, nachdem die Registratur eingerichtet wurde?
◆ Werden alle Grenzfälle bei der alphabetischen Ablage
  – z. B. das „ü" als „u", als „ue" oder als selbstständi-
  ger Buchstabe – einheitlich behandelt?
◆ Ist sichergestellt, dass sich auch ein Dritter (z. B. im
  Vertretungsfall) in der gewählten Ordnung zurecht-
  findet?

Folgende Regeln sollten bei der alphabetischen Registratur
berücksichtigt werden:
◆ Namen ohne Vornamen kommen zuerst, also „Becker"
  vor „Becker, Bernhard".
◆ Abgekürzte Namen stehen vor ausgeschriebenen, also
  „Becker, B." vor „Becker, Bernhard".
◆ Titel werden nicht berücksichtigt, darunter fallen auch
  akademische.
◆ Besteht der Name eines Unternehmens aus einem Perso-
  nennamen und einem Zusatz, behandelt man den Zusatz
  wie einen Vornamen, also „Becker, Bernhard" vor „Becker, & Bernhard".

3.18 Behandlung der Altablage

Unser Büro ist der Ort, an dem wir uns üblicherweise in der Woche wesentlich länger aufhalten als in unserem Wohnzimmer. Deshalb ist es umso wichtiger, dass wir uns dort wohl fühlen. Besteht unser Büro nur aus immer neuen geschlossenen Schränken (langsam, aber sicher deckenhoch), wird es immer schwieriger, den Arbeitsraum als motivierenden Lebensraum zu empfinden. Wächst das Unternehmen, so wachsen auch die Papiermenge und die Ablage.

> Treffen wir deshalb eine Unterscheidung zwischen „lebendiger" Ablage und Altablage: Die Altablage wird aus dem Büro verbannt, sonst haben wir irgendwann kein Büro mehr, sondern sitzen in einem Archiv.

In dem separaten Raum, in dem die Altablage untergebracht wird, sollte so viel Ablage wie möglich untergebracht werden, aber immer so, dass man jeden Vorgang schnell finden kann. Nutzen Sie dazu zweckmäßige Regal-Systeme.

3.19 Der praktische Umgang mit der Ablage

Wie schön wäre es, wenn wir grundsätzlich sagen könnten, wie ein Ablagesystem aussehen muss. Aufgrund der Verschiedenartigkeit der Aufgaben (abhängig von Produkt oder Dienstleistung) und der Aufgabenverteilung ist eine Ablage jedoch immer sehr individuell und muss konsequent auf die Bedarfe Ihres Unternehmens zugeschnitten sein. Trotzdem gibt es ein paar allgemeingültige Tipps für die Praxis.

Praxistipp

◆ Ein Schriftstück sollte sich möglichst nur an drei Stellen befinden, nämlich:
  – in der Bearbeitungsmappe

- in der Vorablage
- in der Ablage

Dabei sollte der Vorordner nach den gleichen Kriterien aufgeteilt sein wie die Ablage selbst.

◆ Legen Sie möglichst jeden Tag ab, damit sich keine Stapel anhäufen, in denen ein Vorgang nur zeitraubend gefunden werden kann.

◆ Befindet sich ein Vorgang oder ein Teil des Schriftgutes an anderer Stelle, legen Sie zur eigenen Entlastung eine Hinweiskarte in die Ablage.

◆ Das jeweils Neueste sollte obenauf liegen.

◆ Akten, die Sie häufig benutzen, sollten Sie in bequeme Griffhöhe stellen. Seltener Benötigtes steht ganz oben oder unten im Aktenschrank.

◆ Sorgen Sie konsequent dafür, dass die Ordner rechtzeitig ausgedünnt werden, sonst kann es passieren, dass diese zeitraubende Aufgabe während der Hochsaison auf Sie zukommt.

◆ Achten Sie beim Ablegen darauf, dass Sie den Ordner in die richtige Lücke zurückstellen.

◆ Motivieren Sie den Ablegenden richtig (wenn Sie es selbst sind, motivieren und/oder belohnen Sie sich selbst!).

Das Ablage-Management ist eine wichtige Aufgabe, die aufgrund ihrer Eintönigkeit oft nicht ernst genommen wird. Funktioniert die Ablage nicht, stockt jedoch die Postbearbeitung und es geht wertvolle Zeit durch Suchen verloren.

Sind Sie nicht selbstständig, sondern arbeiten in einem Unternehmen und haben eine bestehende Ablage übernommen, mit der Sie gut und effizient arbeiten können, loben Sie den Vorgänger in den höchsten Tönen. Davon abgesehen, dass Menschen, die ein Unternehmen verlassen, häufig als erstes die Ablage vernachlässigen, grenzt es schon beinah an ein Wunder, wenn Ihr Vorgänger die gleiche Struktur und Systematik zugrunde gelegt hat, wie Sie es auch tun würden.

Mit der Ablage in Ihrem Arbeitsumfeld müssen natürlich in erster Linie Sie arbeiten, deshalb ist es auch Ihr gutes Recht, die Ablage nach Ihren Vorstellungen zu organisieren, aber erstens müssen Sie dann an dieser Stelle (gleich am Anfang, sonst gewöhnen Sie sich an das bestehende System und ändern es nie!) viel Zeit investieren und zweitens haben Sie wahrscheinlich nicht alleine Zugriff auf diese Registratur.

Sprechen Sie deshalb geplante Veränderungen in der Ablage mit all denen ab, die auch damit arbeiten, sonst handeln Sie sich unter Umständen Konflikte ein, denn viele Menschen mögen keine Veränderungen, wenn sie sich erst einmal an etwas Bestehendes gewöhnt haben. Und wer weiß, vielleicht erscheint das, was Sie logisch finden, Ihrem Chef oder Kollegen absolut unlogisch. Seien Sie deshalb offen für die Anregungen anderer und setzen nicht Ihre Ideen um jeden Preis durch.

Richten Sie eine Ablage neu ein, bedenken sie: Blinder Aktionismus ist hier der falsche Ansatz. Hier geht es weniger um Geschwindigkeit als um ein gut durchdachtes System. Beraten Sie sich mit den Kollegen, die in Zukunft auch mit Ihrem System arbeiten werden, und sammeln Sie Ideen und Vorschläge, bevor Sie zur Umsetzung schreiten. Sie stellen an dieser Stelle Überlegungen für eine jahrelange Zukunft an.

Und wenn sich im Alltag zeigen sollte, dass Ihr System an der einen oder anderen Stelle nicht sinnvoll ist, zögern Sie nicht, die nötigen Veränderungen sofort vorzunehmen. Bei aller Voraussicht und Planung entstehen eben manche Wege erst beim Gehen. Sie haben keinen Fehler gemacht, sondern nur festgestellt, dass, wie so oft, Theorie und Praxis zweierlei Paar Schuhe sind.

3.20 Ablage: So wird es leichter

Trotz aller guten Vorsätze gelingt es uns nicht immer, unsere Ablage konsequent zu managen, sowohl unser innerer

Schweinehund als auch das Unverständnis von Kollegen oder des Vorgesetzten, wenn Sie sagen „Ich bin gerade beschäftigt, ich mache meine Ablage", sorgen dafür, dass uns ein (manchmal gar nicht so unwillkommener!) Strich durch die Rechnung gemacht wird.

Die folgenden drei Tipps helfen Ihnen, auch dann die Ablage in den Griff zu bekommen, wenn es „eigentlich" nicht gelingt, alles immer sofort abzuheften:

◆ Optische Kennzeichnung

> Sie haben gerade ein paar Ordner auf dem Tisch, in die Sie Papier ablegen wollen, und plötzlich kehrt unerwartet Hektik ein und Sie stellen die Ordner in die Schränke zurück, dummerweise in der Eile nicht an den Platz, an dem sie üblicherweise stehen. Beim nächsten Zugriff müssen Sie suchen, weil die Ordner sich alle so ähneln ...

Hilfreich kann es sein, wenn unterschiedliche Themengebiete verschiedenfarbige Ordner erhalten, dann fällt ein falsch einsortierter Ordner sofort auf. Wer das nicht mag (weil es die Optik stört), kann auch nur die Farbe der Beschriftung auf den Ordnerrücken variieren.

◆ Der „Eichstrich"

> Eigentlich wollten Sie die Ablage täglich machen, aber das ist wieder mal nicht gelungen und jetzt ist die Woche zu Ende und das Körbchen läuft schon fast wieder über. Ausgerechnet heute tanzt aber der Bär und es wird auch heute keine Zeit mehr geben, die Dokumente an ihren Bestimmungsort zu bringen ...

Bauen Sie sich eine Notbremse ein. Die meisten Ablagekörbchen sind dummerweise so hoch, dass es bereits eine Stunden-Arbeit ist, das Schriftgut abzuheften. Malen oder kleben Sie sich einen gut sichtbaren „Eichstrich" auf Ihren Ablagekorb. Wenn der Eichstrich erreicht ist, zählt keine Ausrede mehr, dann wird die Ablage erledigt, selbst wenn

Sie dafür eine halbe Stunde länger bleiben müssen. Danach fühlen Sie sich aber befreit und müssen die Gedanken an den Ablagestau nicht mit in den Feierabend nehmen.

◆ Der Termin mit sich selbst

Viele haben ihn längst eingeführt, den täglichen Termin mit sich selbst: Beispielsweise ist täglich zwischen 16.00 und 16.30 Uhr die Zeit des Aufräumens und Sortierens dessen, was tages-aktuell ansteht, oder dessen, was Sie unbedingt umsetzen wol-len, um Ihr Büro gut in den Griff zu bekommen. Dummerweise können Sie sich nicht unsichtbar machen und dem Chef fällt ge-nau um 16.05 Uhr ein, dass noch eine Unterlage dringend über-arbeitet werden muss, die er morgen für den Kundenbesuch braucht. Wieder nichts mit den guten Vorsätzen ...

Disziplin hat viel mit Konsequenz zu tun. Kündigen Sie Ihrem Chef (und allen, die es sonst wissen müssen) an, dass Sie von nun an täglich um 16.00 Uhr einen halb- oder vier-telstündigen (je nach Bedarf, aber konsequent immer die gleiche Zeit) Termin mit sich selbst haben, zu dem Sie nicht ansprechbar sind und für andere Aufgaben nicht zur Verfü-gung stehen. Sie sind einfach nicht da, so als hätten Sie das Büro bereits verlassen. Wer geht ans Telefon, wenn Sie nicht da sind? Wer macht mal eben ein paar Kopien? Wer nicht da ist, kann nicht telefonieren, kann keine Kopien machen.

(H)einzel-Tipp

Seien Sie nicht böse, wenn Ihr Chef wieder einmal verges-sen hat, dass Sie zwar da, aber nicht für ihn da sind. Helfen Sie ihm, sich daran zu erinnern, indem Sie Ihre Abwesenheit optisch darstellen. Legen Sie einen Hut oder eine Kappe in Ihr Büro und setzen Sie ihn pünktlich zum Termin mit sich selbst auf. Hut auf ist das eindeutige Signal „Jetzt nicht".

Natürlich mag es die eine oder andere Situation geben, in der Sie einen Kompromiss machen müssen, aber achten Sie darauf, dass es eine Ausnahme bleibt. Es darf nicht so weit kommen, dass der Termin mit sich selbst die Ausnahme ist. Konsequenz ist angesagt. Sie tun das nicht für sich selbst, sondern für effiziente Arbeitsabläufe im Unternehmen.

3.21 Ablage im Vergleich

Die folgende Tabelle bietet einen Überblick über die verschiedenen Ablageformen:

Was	Erläuterung	Bemerkungen/Tipps
Ordnerablage	Die stehenden Ordner sind immer noch das beliebteste Ablagemittel. Ein A-Ordner hat ein Fassungsvermögen von ca. 600 Blatt DIN-A4-Papier der normalen Stärke (80 g).	Die Unterteilung innerhalb des Ordners erfolgt mit Registern, die numerisch, alphabetisch oder blanko erhältlich sind.
Hängeablage	Hängeordner gibt es heute in vielen verschiedenen Materialien und Farben. Einige Firmen (wie z.B. MAPPEI) haben sich auf die Hängeablage spezialisiert und bieten interessante Lösungen. Die entsprechenden Vorrichtungen in Schreibtischen, Rollcontainern oder Schranksystemen lassen sich unproblematisch nachrüsten.	Zum Thema „Hängeablage" gibt es ein Buch, das die MAPPEI-Methode vorstellt. („Ordnung ohne Stress" von Frank-Michael Rommert)

Stehablage	Die stehende Ablage erfolgt, wenn Sie sie für Projekte nutzen, in Loseblattformat in so genannten Stehordnern. Besonders übersichtlich ist diese Form der Ablage allerdings nicht.	Stehordner eignen sich gut für Zeitschriften, Kataloge, Prospekte oder Ähnliches.
Liegende Ablage	Liegende Ablage in Regalsystemen nimmt viel Raum in Anspruch und lässt sich sehr schlecht sortieren. Schnell finden lässt sich hier nichts.	Wenn überhaupt, sollte man hier auf jeden Fall mit Körben zur Trennung von Themen arbeiten.
Digitalablage	Die ausschließliche Digitalablage ist die ökonomischste und einfachste Form der Ablage. Allerdings sind wir heute noch weit entfernt von einem papierlosen Büro und es muss erst ein Umdenken stattfinden.	Die reine Digitalablage bleibt erstrebenswertes Ziel. Eine parallele Digitalablage sollte immer an die Papierablage angepasst werden.

4 Ordnung im PC

Umgang mit E-Mails, Datensicherung, Recherchen im Internet etc.

Die Möglichkeiten, den PC als seinen persönlichen Sekretär zu nutzen und ihn für sich arbeiten zu lassen, sind vielfältig und die Tipps und Ideen dazu füllen inzwischen ganze Bücher. Mit diesem Kapitel richte ich mich an die Menschen, die sich eine Grundordnung auch im PC wünschen und den Eindruck haben, nicht alle Möglichkeiten zu nutzen, die sich ihnen bieten. Die Anregungen, die ich hier gebe, sind auch für diejenigen einfach umzusetzen, die nicht mit dem PC groß geworden sind und deren Interesse an elektronischen Medien sich eher in soliden Grenzen hält.

Alle Tipps sind auf der Basis des Betriebssystems Microsoft Windows zusammengestellt. Bei anderen Betriebssystemen sind die Arbeitsschritte allerdings meist ähnlich.

4.1 Übersicht auf dem Laptop

Zu viele Icons, willkürlich auf dem Desktop verteilt, wirken schon auf den ersten Blick chaotisch. Ich habe mich für ein gutes Ordnungsgefühl auf wenige Icons beschränkt, und zwar:

◆ Microsoft Word
◆ Explorer/Internet
◆ Outlook
◆ Eigene Dateien (unter denen die Unterordner angelegt sind)
◆ Privatordner (Bilder, private Unterlagen, Bewerbungen etc.)

Überlegen Sie für Ihre persönliche Situation, welche Icons Sie auf dem Desktop haben wollen.

Solange kein anderer Ordner benannt wird, wird das Dokument automatisch unter „eigene Dateien" gespeichert, wodurch es schnell unübersichtlich wird. Denken Sie deshalb beim „Speichern unter" immer daran, einen Bestimmungsort anzugeben.

Sie können den Standardordner natürlich ändern und das geht so:

◆ Über den Menüpunkt EXTRAS die OPTIONEN aufrufen und in das Register SPEICHERORT FÜR DATEIEN wechseln

◆ Im Listenfeld DATEIART den Eintrag DOKUMENTE markieren und anschließend auf die Schaltfläche ÄNDERN klicken

◆ Im folgenden Dialogfenster den Ordnernamen inklusive Pfad eingeben oder den Ordner mit Hilfe des Listenfeldes SUCHEN IN auswählen

◆ Mit OK bestätigen und das Dialogfenster OPTIONEN mit SCHLIESSEN beenden

Von jetzt an wird der festgelegte Ordner standardmäßig in den Dialogfenstern ÖFFNEN und SPEICHERN UNTER angezeigt. Gerade wenn auch andere mit Ihrem PC arbeiten, ist es wichtig, den Ordnern eindeutige Bezeichnungen zu geben. Perfekt wäre es, wenn die Benennung Ihrer Ordner im PC mit Ihrem Papierablagesystem übereinstimmte.

Ich liebe einfache Zugriffe, so sind z. B. meine Teilnehmerunterlagen für Seminare sehr einfach zu finden:

Unter dem Firmennamen des Unternehmens, für das ich die Veranstaltung gemacht habe, und dem Datum finde ich hier jedes Dokument wieder.

4.2 Die Funktionen der Maus

Die Maus kann viel mehr als nur bei einmaligem Klicken der linken Taste Programme anzuzeigen und bei Doppelklick Programme zu öffnen. Die rechte Maustaste überrascht mich immer wieder durch das, was sie mir alles abnimmt.

Was genau sie kann, hängt davon ab, in welchem Programm Sie gerade arbeiten. Es öffnet sich jedenfalls immer ein kleines Menü, aus dem Sie dann Funktionen direkt anwählen können. Wenn Sie beispielsweise auf ein bestimmtes Dokument gehen und dann die rechte Maustaste drücken, öffnet sich dieses Menü:

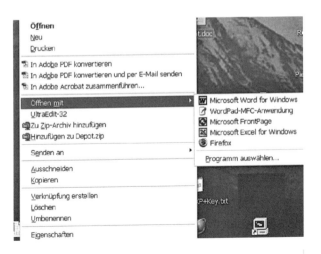

4.3 Regelmäßige Datensicherung

Stellen Sie sich einmal vor, Ihre Daten im PC wären verschwunden, alle und unwiederbringlich! „Der Gau wäre das!" – wenn Sie das denken, dann treffen Sie frühzeitig Vorsorge. Wie oft Sie Ihre Daten sichern, hängt davon ab, in welcher Geschwindigkeit Sie wie viele Daten ansammeln.

Je größer die Datenmenge, desto kürzer sollten die Sicherungsintervalle sein.

Datensicherung im System

Schon beim Einrichten Ihres PCs können Sie Vorsorge treffen, damit Sie bei einem eventuellen PC-Crash nicht kalt erwischt werden. Sie brauchen nur Ihre Festplatte aufzuteilen in C für benutzerdefinierte Speicherorte und D für den Namen des Nutzers. Ein Systemabsturz verursacht meist den Verlust der Daten auf C. Wenn Sie Ihre Daten in regelmäßigen Abständen auf D kopieren, bleiben Sie Ihnen bei einem Absturz erhalten.

Datensicherung beim Erstellen eines Dokumentes

Es war nur der Ellbogen beim Griff nach der Kaffeetasse, der irgendeine gefährliche Taste gedrückt hat – leider mit der Folge, dass alle 20 bereits geschriebenen Seiten weg sind. Sehr ärgerlich, denn es wäre so einfach gewesen, nach jeder geschriebenen Seite auf SPEICHERN zu klicken oder mit STRG + S zwischenzuspeichern. Es muss einem nur einmal passiert sein, dass alle Daten unwiderruflich weg sind, und man denkt in Zukunft gerne daran!

Datensicherung durch Kennwortschutz

Nicht alle, die mit Ihrem PC arbeiten, sollen Zugriff auf alle Ihre Daten haben? Dann vergeben Sie am besten ein Kennwort zum Schutz gegen unberechtigten Zugriff. Das erreichen Sie

◆ entweder über das Dialogfenster SPEICHERN UNTER über den Menüpunkt des Dialogfensters EXTRAS – ALLGEMEINE OPTIONEN

◆ oder über den Menüpunkt EXTRAS – OPTIONEN, Register SPEICHERN.

Ihr Kennwort wird beim Speichern Ihrer Datei gleich mitgesichert.

Datensicherung durch Systemwiederherstellung

Wenn Sie regelmäßig (Outlook erinnert Sie gerne zu einem bestimmten Termin) einen Systemwiederherstellungszeitpunkt erstellen, können Sie die Daten bis zu diesem manuell festgelegten Datum nach einem Absturz wiederherstellen. Auch ist dieser Weg einfach im Vergleich dazu, mühsam verlorengegangene Daten wieder zusammentragen zu müssen.

◆ Über START den Menüpunkt PROGRAMME wählen.

◆ Den Ordner ZUBEHÖR aufrufen und zum Ordner SYSTEMPROGRAMME wechseln, dann SYSTEMWIEDERHERSTELLUNG anklicken.

◆ Im Dialogfeld SYSTEMWIEDERHERSTELLUNG den Auswahlpunkt „EINEN WIEDERHERSTELLUNGSZEITPUNKT ERSTELLEN" anklicken und im Textfeld Datum und Bezeichnung, z. B. „Datensicherung 31.12.2008", angeben, um den Zeitpunkt später eindeutig erkennen zu können.

4.4 Zur Sicherheit: Externe Datenträger

Eine einfache Möglichkeit der Datensicherung ist die Nutzung einer externen Festplatte, die über den USB-Stick angeschlossen wird. Das Schöne daran ist, dass das meiste von ganz allein passiert: Der USB-Stick wird in den USB-

Stecker, der sich oft vorne am PC befindet, eingeschoben. Es erscheint dann die Anzeige „Neues externes Gerät gefunden".

Alternativ gehen Sie auf START, dann auf ARBEITS-PLATZ und öffnen „Lokaler Datenträger / USB" mit Doppelklick. Leicht lassen sich nun Ihre Ordner auf den USB-Stick kopieren:

◆ Ordner anklicken mit linker Maustaste.
◆ Rechte Maustaste „Kopieren" anklicken.
◆ Dann auf ARBEITSPLATZ und weiter zu EXTERNE DATENTRÄGER.
◆ Zum Abschluss mit rechter Maustaste „Einfügen" und schon ist alles auf Ihrem Stick.

4.5 Ablenkung E-Mail

Natürlich soll eine E-Mail schnell beantwortet werden, also möglichst innerhalb von 24 Stunden, aber machen Sie sich frei von dem Gedanken, dass Sie die Feuerwehr sind und gleich mit dem Löschzug ausrücken müssen, nur weil eine Stimme sagt: „Sie haben Post!"
Die Wahrheit ist, wir nutzen diese willkommene Ablenkung schon einmal gerne, um unseren langweiligen Bericht zu unterbrechen, aber wir verlieren dadurch unendlich viel Zeit. Viel mehr Zeit als es dauert, die E-Mail zu lesen und vielleicht eine kurze Antwort zu formulieren, denn es dauert lange ehe wir mit unserer vollen Aufmerksamkeit wieder bei unserem ursprünglichen Bericht sind. Überlegen Sie sich deshalb gut, wie oft Sie tatsächlich in Ihren Posteingang schauen müssen.

> Es wäre sehr viel effizienter, zweimal, dreimal oder viermal am Tag die E-Mails zu checken und in Blöcken abzuarbeiten, als für jede einzelne E-Mail in den Posteingang zu wandern.

Sie machen es sich leichter, diesen Vorsatz in die Tat umzusetzen, wenn Sie die akustische oder visuelle Benachrichtigung über neue Mails deaktivieren:

◆ Wählen Sie den Menübefehl EXTRAS/OPTIONEN.
◆ Klicken Sie auf der Registerkarte EINSTELLUNGEN auf E-MAIL-OPTIONEN.
◆ Wie Sie weiter vorgehen, hängt ein wenig davon ab, welche Outlook-Version Sie haben:
  – Outlook 2000 und 2002: Deaktivieren Sie im Dialogfeld E-MAIL-OPTIONEN unter NACHRICHTENBEHANDLUNG das Kontrollkästchen „Benachrichtigungstext bei Ankunft neuer E-Mail" und klicken Sie dann auf die Schaltfläche ERWEITERTE E-MAIL-OPTIONEN und deaktivieren Sie unter „Beim Eintreffen neuer Elemente" das Kontrollkästchen SOUND ABSPIELEN.
  – Outlook 2003 und 2007: Klicken Sie im Dialogfeld E-MAIL-OPTIONEN auf die Schaltfläche ERWEITERTE E-MAIL-OPTIONEN und deaktivieren Sie dann unter „Beim Eintreffen neuer Elemente im Posteingang" die Optionen DESKTOPBENACHRICHTIGUNG ANZEIGEN (nur Standard-Posteingang) und SOUND WIEDERGEBEN.

4.6 E-Mails sichten, verwalten und bearbeiten

Auch beim E-Mail-Eingang entscheiden Sie nach Ihren Bedürfnissen und Bedarfen, welches System für Sie am günstigsten ist, denken Sie auch hier daran, es sich so leicht und übersichtlich wie möglich zu machen.

Beim Öffnen des E-Mail-Eingangs schauen Sie Ihre empfangenen E-Mails im Rasterblick an und entscheiden, welche sofort gelöscht werden können. Sofort löschen heißt: Strg-Taste gedrückt halten und mit linker Maustaste die zu löschenden E-Mails anklicken, dann auf das zuständige Symbol fürs Löschen klicken. Schon sieht Ihr Posteingang viel übersichtlicher aus.

Dann schauen Sie: Was muss ich heute bearbeiten und/oder beantworten. Alle E-Mails, die bis zum nächsten Tag Zeit haben, schieben Sie in einen Ordner, den Sie z. B. „Ablage" nennen (oder „Morgen" oder „Heute nicht" oder „Zu erledigen"). Jetzt sind möglicherweise nur noch wenige E-Mails übrig, die sofort zu beantworten sind.

Haben Sie eine E-Mail geöffnet und stellen fest, dass die Bearbeitung jetzt nicht in Ihr Zeit- oder „Lust"fenster passt oder dass Sie noch nicht alle Informationen dazu haben, aber heute noch antworten wollen, können Sie die E-Mail wieder in den Status „ungelesen" (erkennbar durch Fettschrift) zurückversetzen, um die Bearbeitung nicht zu vergessen. Klicken Sie dazu die betreffende E-Mail einmal mit der linken Maustaste an und wählen Sie dann mit der rechten Maustaste „Als ungelesen markieren", schon sieht Ihre E-Mail wieder aus wie neu.

Erhalten Sie eine E-Mail von einem neuen Absender, dessen Adresse Sie gleich in Ihr Outlook-Adressbuch aufnehmen möchten, verfahren Sie folgendermaßen:

◆ Ziehen Sie die gesamte E-Mail mit gedrückter linker Maustaste auf die Schaltfläche KONTAKTE unten in der Navigationsleiste (Outlook 2003 und 2007) bzw. das entsprechende Symbol in der Outlook-Leiste. Outlook legt einen neuen Kontakt an. Die Absenderadresse sowie den Namen übernimmt es dabei automatisch aus der Nachricht und im Notizfeld wird der gesamte Text der ursprünglichen E-Mail angezeigt.

◆ Markieren Sie den gesamten Text mit Ausnahme der Signatur.

◆ Drücken Sie „Entf", um den Text aus dem Notizfeld zu löschen, sodass nur die Signatur übrig bleibt.

◆ Markieren Sie den Firmennamen.

- ◆ Ziehen Sie mit gedrückter linker Maustaste den markierten Firmennamen auf das Textfeld FIRMA.
- ◆ Wiederholen Sie die letzten beiden Schritte für alle anderen relevanten Daten, z. B. Telefonnummer.
- ◆ Wenn Sie die Daten übertragen und überflüssige Daten gelöscht haben, speichern und schließen Sie den neuen Kontakt durch Klicken auf die entsprechende Schaltfläche in der Symbolleiste.

4.7 Umgang mit Übermittlungsbestätigungen

In bestimmten Fällen möchten wir wissen, ob die E-Mail bei unserem Empfänger angekommen ist, da hilft die Empfangsbestätigung. Um sicherzustellen, dass der Empfänger die E-Mail auch gelesen hat, müssen wir die Lesebestätigung aktivieren.

> **Praxistipp**
>
> Verwenden Sie sie sparsam, denn viele Leser fühlen sich durch die Lesebestätigung unter Druck gesetzt und können diese Funktion auch schlicht wegdrücken. Wählen Sie deshalb die Funktion nicht als grundsätzliche Funktion aus, sondern entscheiden Sie von Fall zu Fall.

Um die Lesebestätigung in eine fertige Nachricht einzubinden, müssen Sie das Fenster NACHRICHTENOPTIONEN öffnen und hier die Option DAS LESEN DIESER NACHRICHT BESTÄTIGEN markieren.

4.8 Die „Nachverfolgung"

Die Funktion „Nachverfolgung" ist eine gute Möglichkeit, sich selbst oder einen bestimmten Adressaten noch einmal an die Bearbeitung oder Beantwortung einer E-Mail zu erinnern. Sie erhalten zu einem festgelegten Termin eine Erinnerung und haben dann die Möglichkeit, die E-Mail nach der Bearbeitung als erledigt zu kennzeichnen.

Sowohl der Termin als auch das Datum der Erledigung werden in der E-Mail festgehalten. Wahrscheinlich haben Sie das Symbol für die Nachverfolgung schon einmal gesehen: Es ist ein kleines Fähnchen, meistens in Rot.

Wenn Sie sich selbst zu einem bestimmten Termin an die Bearbeitung einer E-Mail erinnern wollen, gehen Sie folgendermaßen vor:

◆ Markieren Sie im Posteingang die zu bearbeitende E-Mail mit der rechten Maustaste und wählen Sie hier den Punkt „Zur Nachverfolgung".

◆ Im folgenden Dialogfenster können Sie einen vorgegebenen Text für die Nachverfolgung auswählen oder einen eigenen Text eingeben.

◆ Nun legen Sie Datum und Uhrzeit für die Erinnerungsfunktion fest und bestätigen mit OK.

Wenn Sie erfolgreich waren, ist die Nachricht nun mit dem Fähnchen markiert. Sie können diese Kennzeichnung im Kontextmenü im Posteingang wieder löschen oder als erledigt markieren.

Wenn Sie Ihren Empfänger mit einer solchen Nachverfolgungserinnerung beglücken wollen, klicken Sie in der entsprechenden E-Mail auf das Symbol „Zur Nachverfolgung" und nehmen die gleichen Einstellungen vor wie bei der Nachverfolgung Ihrer eigenen E-Mails. Der Empfänger erhält nun eine E-Mail mit einer Kennzeichnung und eventuell einen Termin, sofern Sie den eingestellt haben.

Denken Sie bei allem, was Sie tun, immer daran, wie Sie reagieren würden und ob Sie sich über diese Art von „leichtem Druck" freuen würden. Setzen Sie deshalb die „Nachverfolgung" mit Bedacht ein.

4.9 Der Abwesenheitsassistent

Wenn Sie länger als 24 Stunden nicht im Haus sind und Sie in dieser Zeit Ihre E-Mails nicht beantworten können oder wollen, sollten Sie Ihre Geschäftspartner darüber informieren. Das geht sehr einfach:

Wählen Sie EXTRAS, dann klicken Sie ABWESENHEITS-ASSISTENT an. Es öffnet sich ein Fenster, in welchem Sie „Ich bin zurzeit nicht im Hause" anklicken müssen und Ihren persönlichen Text eingeben und das Ganze mit OK bestätigen.

Praxistipp

Formulieren Sie Ihren Text positiv, d.h., beschränken Sie sich nicht auf einen Text wie z. B. „Ich bin bis 31.12. nicht im Haus. Ihre E-Mail wird nicht weitergeleitet", sondern bieten Sie dem Empfänger eine Alternative, z. B. durch die Ansage, dass Sie sich nach Ihrer Rückkehr am 02.01. umgehend bei ihm melden, oder durch Verweis an mögliche Kollegen.

Der Empfänger erhält diese Benachrichtigung, sobald seine E-Mail in Ihrem Posteingang angekommen ist.

4.10 Der Outlook-Kalender

Der Outlook-Kalender bietet zahlreiche Möglichkeiten. Hier empfehle ich Ihnen, in einer ruhigen Minute, von denen Sie ja nach dem Lesen dieses Buches viele haben werden, einmal zu schauen, welche Funktionen Sie brauchen. Sie werden automatisch auf den rechten Weg geführt, denn das System ist relativ klug und Sie ja auch, denn die bisherigen Funktionen des Outlooks gleichen denen des Outlook-Kalenders sehr. An dieser Stelle beschränke ich mich deshalb auf einige ausgewählte Optionen des Outlook-Kalenders:

◆ Wie füge ich die Feiertage in den Kalender ein?

Extras > Optionen > Einstellungen > Kalenderoptionen > Feiertage hinzufügen.

◆ Wie kann ich der Arbeitswoche Samstag und Sonntag hinzufügen?

Extras > Optionen > Kartenreiter > Einstellungen > Kalenderoptionen. Aktivieren Sie hier die Checkboxen für Samstag und Sonntag.

◆ Wie kann ich Termine farblich markieren?

Es gibt in Outlook 2002 vier Arten von Terminen. Diese Arten werden in der Tagesübersicht dargestellt: Frei (weiß), Mit Vorbehalt (hellblau), Gebucht (dunkelblau), Abwesenheit. Outlook 2003 bietet zusätzliche farbliche Markierungen: Klicken Sie dazu mit der rechten Maustaste auf einen Termin Beschriftung.

◆ Wie erstelle ich einen Termin zur Wiedervorlage einer E-Mail?

Ziehen Sie die betreffende E-Mail mit gedrückter linker Maustaste auf das Kalenderelement. Erstellen Sie dann einen neuen Termin mit dazugehöriger Erinnerung. Am Fälligkeitstag kann der Termin per „Drag & Drop" (linke gedrückte Maustaste und Fallenlassen in den Postausgang) zurück in den Postausgang geschoben werden.

4.11 Suchen im Netz

Das Internet ist die größte Informationsplattform weltweit, und wenn Sie lange genug suchen und die richtigen Suchbegriffe eingeben, finden Sie hier alles. Suchmaschinen wie google, yahoo, altavista, fireball, lycos etc. erleichtern Ihnen die Informationsbeschaffung.

Überlegen Sie zu Beginn, welche Wörter das gesuchte Thema am besten beschreiben und welche davon unbedingt enthalten sein müssen.

Suchen Sie beispielsweise mich, so ist es günstig „Renate Schmidt Solingen" einzugeben, weil Sie sonst möglicherweise sehr politisch werden.

Bei der Eingabe Ihres Suchbegriffes haben sich ein paar Eingabeoptionen (boolesche Operatoren) bewährt:

◆ Plus-Zeichen

Renate Schmidt + Solingen

Die Suchmaschine sucht nun nach Webseiten, in denen alle Begriffe vorkommen.

◆ Minus-Zeichen

Renate Schmidt Unternehmensberatung – Politikerin

Die Suchmaschine schränkt die Suche um das, was nach dem Minuszeichen steht, ein. Die Politikerin wird nun ausdrücklich ausgeblendet. [Adios! ;-)]

◆ Anführungszeichen

„Renate Schmidt Unternehmensberatung"

Hier wird der Suchmaschine angegeben, dass es sich um einen feststehenden Begriff handelt, sie beschränkt die Suche auf genau diesen Wortlaut.

◆ Sternchen

Kommunikation*

Hier wird angezeigt, dass es sich um einen Fachbegriff handelt, alle möglichen Seiten, bei denen es sich um Kommunikation handelt, werden aufgerufen.

Je präziser die Anfrage, desto zufriedenstellender ist auch das Ergebnis.

Seiten, die Sie immer wieder nutzen, können Sie zu Ihren „Favoriten" erklären, das ist sehr leicht:
◆ Die Seite aufrufen, die Sie übernehmen möchten,
◆ in der Menüleiste auf FAVORITEN / FAVORITEN HINZUFÜGEN klicken und
◆ im Feld NAME eine Bezeichnung für die Webseite eingeben oder Vorschlag übernehmen und mit OK bestätigen.

4.12 Ausblenden von Werbung

Sie möchten Texte aus dem Internet drucken, Sie stört aber die lästige Werbung, Balken und sonstige Verzierungen? Die Schrift ist nach dem Drucken so klein, dass Sie ein Monokel brauchen? Dann gehen Sie eine Umleitung: Kopieren Sie vor dem Drucken:
◆ Markieren Sie den Text mit der linken Maustaste.
◆ Im Text stehend drücken Sie die rechte Maustaste und dann auf KOPIEREN.
◆ Gehen Sie nun in ein geöffnetes Word-Dokument, drücken Sie die rechte Maustaste und wählen EINFÜGEN. Schon erscheint Ihr Text ohne alle Schnörkel. Sie können ihn nun in aller Ruhe bearbeiten. (Denken Sie bitte bei allem, was Sie tun, an die Urheberrechte!)

4.13 Praktische Tasten, schnelle Hilfe

Es gibt einige völlig harmlos aussehende Tasten auf Ihrer Tastatur, die es – im positiven Sinne – in sich haben, denn sie können Arbeit abnehmen oder Arbeitsgänge beschleunigen.

Die Umschalttaste

Die Umschalttaste ist ein Multitalent. Zum Beispiel leistet sie im Datei-Explorer gute Dienste: Wenn Sie eine Datei löschen möchten, ohne diese im Papierkorb zwischenzulagern, entfernen Sie sie bei gedrückt gehaltener Umschalttaste. Das funktioniert auch in Outlook, etwa beim Löschen erledigter E-Mails.

Halten Sie die Umschalttaste fest, während Sie in Word 2003 per Mausklick das Menü „Datei" öffnen, dann kommen im Menü versteckte Befehle ans Tageslicht, z. B. „Alle speichern" oder „Alle schließen".
Wenn Sie in Word die Tastenkombination Umschalt+F1 drücken, wird der Bereich „Formatierung anzeigen" geöffnet. Dort finden Sie Details zur Gestaltung. Die Überschriften sind gleichzeitig ein Link. Klicken Sie zum Beispiel auf Schriftart, öffnet sich das passende Dialogfeld.

Auch in Excel 2003 kommen sie mit der Umschalttaste weiter. Markieren Sie eine Tabelle oder Teile davon und wählen bei gedrückter Umschalttaste das Menü „Bearbeiten", dann steht der Befehl „Bild kopieren" bereit. Klicken Sie darauf und bestätigen Sie die folgende Abfrage. Ihre markierte Tabelle wird als Bild eingefügt. Sie liegt in der Zwischenablage und Sie können sie von dort auch in andere Anwendungen übernehmen.

Arbeiten Sie in PowerPoint mit Autoformen und ziehen einen Kreis auf, verhindert das Drücken der Umschalttaste, dass er zum Ei wird.

Die Strg-Taste

Auch die Strg-Taste ist ein Universaltalent. Folgende Kombinationen sorgen dafür, dass Ihre Arbeitsschritte beschleunigt werden.

◆ Strg+A: alles markieren
◆ Strg+C: kopieren
◆ Strg+P: drucken
◆ Strg+V: einfügen
◆ Strg+X: ausschneiden
◆ Strg+Z: letzten Arbeitsschritt rückgängig machen
◆ Strg+Pos1: Wechsel zum Anfang des Dokumentes
◆ Strg+Ende: Wechsel zum Ende des Dokumentes

Möchten Sie Text ohne die umständliche Zwischenablage verschieben, gehen Sie folgendermaßen vor:

◆ Markieren Sie den Text.
◆ Navigieren Sie mit den Scrollbalken rechts zur Stelle im Dokument, an der der Text eingefügt werden soll.
◆ Halten Sie die STRG-Taste gedrückt und klicken Sie mit der rechten Maustaste an die gewünschte Stelle.

Die Alt-Taste

Sie kennen die Alt-Taste zum Aufruf wichtiger Programmfunktionen wie Speichern oder Drucken, aber die Alt-Taste kann mehr: Streikt beispielsweise die Maus, schließen Sie mit Alt+F4 das aktuelle Programm. Drücken Sie diese Tastenkombination mehrfach, geht das bis zum Herunterfahren des PCs.

In Office 2003 hat die Taste noch eine weitere Funktion: Mit gedrückter Alt-Taste verschieben Sie per linkem Mausklick Icons auf den Symbolleisten. Drücken Sie AltGr und wählen ein Symbol, wird es kopiert.
Halten Sie die Alt-Taste fest, während Sie einen Tabstopp auf dem Lineal verschieben, so geht das präzise und stufen-

los, außerdem werden gleichzeitig die Zentimeterangaben angezeigt.

Ärgert Sie Ihre Tastatur? Sie drücken beispielsweise z und erhalten y? Dann haben Sie das falsche Tastaturlayout erwischt bzw. ungewollt gewechselt über die Funktion Alt+Umschalt (links). Drücken Sie diese Funktion erneut, ist der Spuk vorbei.

Die Windowstaste

Die Windowstaste in der unteren Tastaturreihe kann mehr, als Sie denken.

◆ Drücken Sie die Windowstaste und D, erreichen Sie den Desktop, d.h., Sie minimieren alle geöffneten Fenster bzw. stellen sie wieder her.

◆ Drücken Sie die Windowstaste und E, öffnen Sie den Datei-Explorer.

◆ Drücken Sie die Windowstaste und F, starten Sie die Dateisuche.

◆ Möchten Sie auf die Schnelle die Systemeigenschaften nachschlagen, dann drücken Sie die Tasten Windows und Pause (oben rechts) gemeinsam.

4.14 Im Notfall …

Der Gau: Ein wie versteinertes Bild, eine Maus, die nichts mehr tut, keine Funktion lässt sich mehr betätigen – kein Grund, das Leben Ihres PCs aufs Spiel zu setzen, denn es gibt immer noch eine Chance. Meine Empfehlungen:

◆ Lehnen Sie sich entspannt in Ihrem Stuhl zurück und zählen Sie lächelnd bis zehn.

◆ Drücken Sie die drei Tasten Strg, Alt und Entf gleichzeitig.

◆ Im sich öffnenden Fenster WINDOWS TASK-MANAGER werden alle gerade geöffneten Programme angezeigt.

- Klicken Sie mit der linken Maustaste auf das oberste Programm und wählen Sie TASK BEENDEN. Verfahren Sie mit allen anderen laufenden Programmen genauso.
- Sollte Ihr PC Fragen stellen, z. B. ob Sie „jetzt" oder „sofort" beenden wollen, bestätigen Sie dies immer.

Einige wenige, sehr hartnäckige PCs verweigern auch dann noch jegliche Kooperationsbereitschaft – hier hilft nur noch: Halten Sie den Einschaltknopf vier bis fünf Sekunden gedrückt, der Computer fährt nun runter. Dann warten Sie nochmals fünf Sekunden (erst dann ist der Speicher gelöscht) und fahren den Rechner wieder hoch.

5 Zeitplanung und Selbstmanagement

Wie Sie Ihre Zeit vernünftig planen und mit Zeitfressern umgehen

Wenn wir über Büroorganisation reden, dann sprechen wir auch über Zeit, die Einstellung zur Zeit, den Umgang mit Zeit. Dieses Thema hat sowohl einen sehr pragmatischen Ansatz – Wie nutze ich die mir zur Verfügung stehende Zeit mit den besten Methoden optimal aus –, als auch einen eher philosophischen. Bei letzterem geht es um die Frage, wie meine persönliche Einstellung zur Zeit ist, wie wichtig ich mir bin, wie wichtig meine Mitmenschen mir sind, welche Idee ich von meinem Leben und dem Zusammenleben mit anderen habe.

Wie viele Menschen in Ihrem Umfeld hören Sie sagen: „Ich habe überhaupt keine Zeit ..."? Aber „Zeit hat man nie, es sei denn, man nimmt sie sich", hat Peter Rosegger einmal gesagt und ich finde, er hat Recht. Wie oft habe ich selbst schon gesagt „Ich habe keine Zeit", obwohl es ehrlicher gewesen wäre zu sagen „Ich habe keine Lust".

Zeit ist etwas, das wir oft für unsere persönlichen Belange missbrauchen, ein Vorwand, der uns bei anderen in besserem Licht erscheinen lässt. Und wenn morgens in der Schlange beim Bäcker jemand zu uns sagt: „Gehen Sie ruhig vor, ich habe Zeit", macht er sich damit nicht schon verdächtig? Entweder ist er Rentner oder arbeitslos.

Dass Zeitplanung in direktem Zusammenhang mit dem Thema Selbstmanagement steht, ist vielen heute klar, an verschiedenen Stellen greifen die beiden Themen ineinander. Wenn Sie beispielsweise nicht „Nein" sagen können (eine

Frage des Selbstmanagements), dann wäre davon Ihr Zeitbudget in hohem Maße betroffen.

Wir werden uns deshalb im ersten Teil dieses Kapitel mit
handfesten Methoden – zum größten Teil nicht neu, aber
immer noch sehr hilfreich – beschäftigen, die es Ihnen er-
möglichen, Ihre Zeit besser zu planen und immer genügend
davon zu haben.
Im zweiten Teil werden wir uns die so genannten „Zeitfresser" ansehen, die vielen, unauffälligen Alltagssituationen,
bei denen wir aber sehr viel Zeit verlieren, und hier greift
dann das Thema Selbstmanagement in die Zeitplanung
hinein.

5.1 Methoden der Zeitplanung

Nicht jede der folgenden Methoden mag die für Sie richtige
sein und es geht auch nicht darum, alles sofort umzusetzen.
Wichtig ist, dass Ihnen eine Methode sympathisch ist und
Sie Lust haben, sie einmal einen Monat lang konsequent anzuwenden. Nämlich erst nach einem Monat können Sie den
tatsächlichen Zeitgewinn einschätzen, weil Sie möglicherweise am Anfang des Arbeitens mit einer neuen Technik erst
einmal ein wenig Zeit investieren müssen. Geben Sie schon
sehr früh wieder auf, werden Sie die Vorteile einer Methode
nicht genießen können.

> Halten Sie also, wenn möglich, einen ganzen Monat
> durch – es lohnt sich!

Das ABC-Prinzip

Das ABC-Prinzip ist eine der ältesten und eine sehr einfache
Methode, Prioritäten bei Ihren Aufgaben zu setzen. Vor dem
Beginn eines Tagespensums geben Sie Ihren einzelnen Ar-
beiten eine Wertigkeit.

Gerade in Zeiten deutlich höheren Arbeitsaufkommens, wenn Sie mehrere unterschiedliche Arbeitsbereiche haben oder zwei gleichrangige Vorgesetzte, hilft das ABC-Prinzip, sich einen Überblick zu verschaffen und nicht mehr unter dem Druck zu arbeiten „Ich weiß gar nicht, womit ich anfangen soll". Das einfache Strukturieren auf Papier strukturiert gleichzeitig Ihre Gedanken und lässt die Arbeitsberge nicht mehr so unüberschaubar und kaum zu bewältigen erscheinen.

Differenziert wird folgendermaßen:
◆ A-Aufgaben sind die wichtigsten Aufgaben, die Sie selbst erledigen wollen oder müssen;
◆ B-Aufgaben sind Aufgaben, die wichtig sind, die Sie gegebenenfalls aber auch delegieren können;
◆ C-Aufgaben sind weniger wichtige Aufgaben, die Sie entweder nicht selbst erledigen müssen, sondern delegieren können, oder die Sie nicht unbedingt noch am gleichen Tag erledigen müssen.

Jede neue Arbeit, die auf Ihrem Schreibtisch landet, wird sofort in Ihren ABC-Arbeitsplan eingetragen, der sowohl auf einen Tag, auf eine Woche oder auch auf einen Monat ausgerichtet sein kann.

Praxistipp

Jedes gute Zeitplanbuch liefert heute die entsprechenden Pläne, die Sie gar nicht mehr selbst erstellen, sondern nur noch konsequent nutzen müssen.

Wichtig: Je einfacher der Plan aufgebaut ist, desto geringer ist die Blockade, ihn auch tagtäglich zu nutzen.

Die Entscheidung darüber, mit welcher Art Plan Sie arbeiten, hängt eng mit Ihrem Arbeitsgebiet zusammen. Sekretärinnen und Assistentinnen zum Beispiel arbeiten gerne mit einem Tagesplan, weil im Sekretariat tagtäglich auf Zuruf viele zum Teil sehr verschiedene Aufgaben auf dem Schreibtisch landen, die ein flexibles und schnelles Reagieren erforderlich machen. Das Maß an individuellem Planen ist hier begrenzt.

Als Sachbearbeiter oder generell Mitarbeiter eines Teams, in dem einzelne Projekte zwar termingebunden bearbeitet werden müssen, aber das Maß an täglichen „Überraschungen" überschaubar ist, ist man mit einem Wochenplan gut beraten.

Spätestens wenn Sie ein Projekt leiten, seine einzelnen Schritte verfolgen und prüfen und Arbeiten an andere delegieren müssen, brauchen Sie (gegebenenfalls neben Tages- und Wochenplan) einen Monatsplan zur Einteilung der einzelnen Aufgaben in A-, B- oder C-Wertigkeit.

Gleich für welche Art von Plan Sie sich entscheiden, behalten Sie bei seiner Pflege immer Ihren Terminkalender im Auge: Wenn Sie eine A-Aufgabe auf einen Tag legen, an dem Sie schon drei Außentermine haben, ist die Frage, wie viel Zeit (und Energie) Ihnen realistisch für die Erledigung der A-Aufgabe bleibt.

Die größten Misserfolgserlebnisse und damit verbundene Unzufriedenheit mit sich selbst handeln Sie sich ein, wenn Sie am dafür vorgesehenen Tag Ihre A-Aufgaben nicht erledigt haben.

Die ALPEN-Methode

Der größte Fehler bei der Zeitplanung ist, sich die Zeit zur schriftlichen Planung nicht zu nehmen, denn alles, was sie nicht schriftlich festgehalten haben, ist eine Belastung für Ihren Geist.

Die wenigsten von uns verfügen über die Fähigkeit, einen Arbeitstag lang permanent strukturiert zu denken und in Gedanken einen Haken an erledigte Arbeiten zu machen. Die häufigen Störungen durch unverhoffte Telefonate, das schnelle Gespräch mit dem Vorgesetzten oder die Mitteilung, dass zuhause der Keller unter Wasser steht, machen ganz schnell ein noch so strukturiertes Denken zunichte.

Andererseits darf Zeitmanagement aber auch keine Fessel sein, die uns unflexibel macht und durch hohen Zeitaufwand eher Zeit stiehlt, als uns welche gewinnen zu lassen. Zeitmanagement darf also nicht in exzessive Zeitplanung münden.

> Planen Sie deshalb nicht genauer als notwendig, halten Sie die Planung so einfach wie möglich.

Das ist auch der Ansatz der ALPEN-Methode. ALPEN steht für.
- ◆ A: Aktivitäten und Aufgaben notieren
- ◆ L: Länge, also die voraussichtliche Zeitdauer, schätzen
- ◆ P: Pufferzeiten reservieren (durchschnittlich 40% für Unvorhergesehenes, hängt aber stark vom Aufgabengebiet ab)
- ◆ E: Entscheidungen über Prioritäten (nach der ABC-Methode), Kürzungen und Delegation treffen
- ◆ N: Nachkontrolle – Unerledigtes auf den nächsten Tag übertragen

Stufe 1: Aktivitäten und Aufgaben notieren (A)

Hier werden die Aufgaben für den Tagesplan zusammengestellt, nämlich:
- ◆ Vorgesehene Aufgaben für den Tag aus der Aktivitätenliste bzw. dem Wochen- oder Monatsplan
- ◆ Unerledigtes vom Vortag
- ◆ Neu hinzukommende Tagesarbeiten
- ◆ Termine, die wahrzunehmen sind
- ◆ Periodisch wiederkehrende Aufgaben

Ein realistischer Tagesplan ist immer auf das zu reduzieren, was Sie tatsächlich bewältigen können (Stufen 2–4).

Stufe 2: Länge der Tätigkeiten schätzen (L)

Notieren Sie nun hinter jeder Aufgabe den Zeitbedarf, den Sie ungefähr für deren Erledigung veranschlagen, und ermitteln Sie die geschätzte Gesamtzeit:

◆ Denken Sie auch daran, dass für eine bestimmte Tätigkeit oft so viel Zeit benötigt wird, wie Zeit gerade zur Verfügung steht.

◆ Bei einer konkreten Vorgabezeit für Ihre Aufgaben werden Sie sich selbst dazu zwingen, diese auch einzuhalten.

◆ Sie arbeiten erheblich konzentrierter und unterbinden Störungen konsequenter, wenn Sie sich für eine bestimmte Aufgabe auch eine ganz konkrete Zeit vorgegeben haben.

Stufe 3: Pufferzeit reservieren (P)

Planen Sie von Anfang an Pufferzeiten ein, z. B.

◆ für Störungen (vorher Hauptstörzeiten notieren)

◆ für Verzögerungen, wiederholtes Telefonieren (um beispielsweise einen Gesprächspartner zu erreichen oder um vom Vorgesetzten die Freigabe für Handeln zu erhalten)

◆ für Unvorhergesehenes (spontan einberufene Meetings, Beruhigung eines aufgebrachten Kunden etc.)

Stufe 4: Entscheidungen über Prioritäten, Kürzungen und Delegation treffen (E)

Ziel ist es dabei, den Zeitbedarf der Tagesaufgaben auf ein zu erfüllendes Maß zu reduzieren.

◆ Setzen Sie eindeutige Prioritäten, z. B. mit Hilfe der ABC-Analyse, und bringen Sie Ihre Tagesaufgaben in eine Rangordnung.

◆ Prüfen Sie den veranschlagten Zeitbedarf kritisch und kürzen Sie die Zeiten aller Vorgänge auf das unbedingt Notwendige; bleiben Sie dabei realistisch.

◆ Loten Sie jede Tätigkeit nach Delegations- und Rationalisierungsmöglichkeiten aus.

Stufe 5: Nachkontrolle – Unerledigtes übertragen (N)

Erfahrungsgemäß schaffen Sie – zumindest anfangs – nicht alle Aufgaben oder Telefonate, die Sie erledigen wollten. Das gelingt erst, wenn die Planung und Schätzung realistisch ist. Übertragen Sie die unerledigten Aufgaben – noch am gleichen Tag vor Verlassen des Büros – auf den nächsten Tag. Haben Sie eine Aufgabe mehrfach übertragen, sieht es nach „Aufschieberitis" aus. Fragen Sie sich dann, warum Sie diese Aufgabe immer wieder auf den nächsten Tag übertragen müssen (das wird doch irgendwann lästig, oder?). Ist Ihnen die Aufgabe nicht wichtig? Dann delegieren Sie sie oder streichen Sie sie ganz. Sie hoffen ja ohnehin, dass sich die Sache von alleine erledigt. Ist Ihnen die Aufgabe wichtig, aber unangenehm? Dann treffen Sie eine klare Entscheidung, diese Aufgabe nun sofort anzufassen, damit Sie sie endlich aus dem Kopf haben (zur eigenen Motivation können Sie sich ja eine kleine Belohnung in Aussicht stellen).

Sie wollen Ihre Zeit besser planen, halten die ALPEN-Methode auch für einen gangbaren Weg, haben Sie aber noch nicht umgesetzt? Dann lesen Sie doch hier noch einmal zusammengefasst, was Ihnen die Methode bringt:

◆ Planung des bevorstehenden Tages
◆ Bessere Einstimmung auf den nächsten Arbeitstag
◆ Überblick und Klarheit über die Tagesanforderungen
◆ Ordnung Ihres Tagesablaufes
◆ Ausschaltung von Vergesslichkeit
◆ Konzentration auf das Wesentliche
◆ Reduzierung von Verzettelung
◆ Erreichung der Tagesziele
◆ Unterscheidung zwischen wichtigen und weniger wichtigen Vorgängen
◆ Entscheidung über Prioritätensetzung und Delegation
◆ Rationalisierung durch Aufgabenbündelung
◆ Abbau und Handhabung von Störungen und Unterbrechungen
◆ Selbstdisziplin in der Aufgabenerledigung

- ◆ Abbau von Stress und Nervenverschleiß
- ◆ Gelassenheit bei unvorhergesehenen Ereignissen
- ◆ Verbesserung der Selbstkontrolle
- ◆ Erfolgserlebnis am Tagesende
- ◆ Erhöhung von Zufriedenheit und Motivation
- ◆ Steigerung der persönlichen Leistungsfähigkeit
- ◆ Und vor allem: Zeitgewinn durch methodisches Arbeiten

Der anfängliche Aufwand von anfangs 20, später ca. 10 oder nur 5 Minuten für die ALPEN-Methode wird Ihnen ein Vielfaches an Ertrag bringen. Bei erfolgreicher Anwendung sparen Sie 10–20% Zeit ein – und das jeden Tag!

Die Vier-Quadranten-Methode (Eisenhower-Methode)

Diese Methode zum Entwirren des Arbeitsplatzes und damit zum Zeitgewinn ist auch unter dem Begriff „Eisenhower-Methode" bekannt. Neben dem legendären Manager und Politiker Dwight David Eisenhower haben auch andere US-Präsidenten ihren Arbeitsalltag nach dieser Methode organisiert.

Heute ist die Methode umstritten, weil ein gutes, vorausschauendes Zeitmanagement Vorgänge gar nicht erst dazu kommen lässt, dass sie dringend werden. Auf dieser Unterscheidung zwischen „dringend" und „wichtig" beruht aber die Vier-Quadranten-Methode. Wie stehen Sie zu dem Satz „Was wichtig ist, ist selten dringend, und was dringend ist, ist selten wichtig"?

Dennoch möchten wir Ihnen die Methode hier nicht vorenthalten, schauen Sie selbst, ob Sie sie auf Ihr Arbeitsumfeld übertragen können.

Nach der Eisenhower-Methode passt Ihre gesamte anfallende Arbeit in vier Quadranten, die im Schaubild dargestellt werden:

- Alle Aufgaben, die besonders wichtig und dringlich sind, sollten Sie sofort selbst erledigen.
- Die Aufgaben, die wichtig, aber nicht dringend sind, sollten Sie sich auf einen konkreten Termin legen und dann selbst erledigen.
- Aufgaben, die zwar nicht so wichtig, aber dringend erledigt werden müssen, sollten Sie delegieren. Gibt es niemanden, überlegen Sie, ob Sie denjenigen, der auf die Erledigung wartet, überzeugen können, ein Stück der Dringlichkeit herauszunehmen.
- Und die Aufgaben, die weder dringlich, noch wichtig sind, kommen in die Wiedervorlage, die Ablage zur späteren Erledigung oder gleich in den Papierkorb.

Dringlichkeit			
nicht dringend	**dringend**		
Aufgabe exakt terminieren und persönlich erledigen	sofort selbst erledigen	**wichtig**	
			Wichtigkeit
nicht bearbeiten (Papierkorb)	an kompetente Mitarbeiter delegieren	**nicht wichtig**	

Die Vier-Quadranten-Methode setzt voraus, dass Sie innerhalb Ihrer Aufgaben unterscheiden können, was dringend und was wichtig ist. Sie funktioniert dann, wenn Sie sich streng an die folgenden drei Regeln halten:
- Bilden Sie keine Zwischenhäufchen!
- Fassen Sie jedes Papier nur einmal an!
- Bilden Sie keine Felder 5, 6 usw.

Das Pareto-Prinzip

Das Pareto-Prinzip (auch unter 80–20–Prinzip bekannt) ist benannt nach dem italienischen Wirtschaftswissenschaftler Vilfredo Pareto (1848–1923). Pareto untersuchte zu seiner Zeit die Verteilung des Volksvermögens in Italien und fand heraus, dass 80% des Volksvermögens im Besitz von 20% der Familien konzentriert war. In den 30er Jahren formulierte Joseph Juran, einer der Vorreiter des Qualitätsmanagements, daraus ein allgemeines Prinzip und benannte es nach Pareto.

> Dieses Prinzip besagt, dass 20% aller möglichen Ursachen 80% der gesamten Wirkung erreichen, und zwar im positiven wie im negativen Sinne.

Wenn mit 20% der Ursachen 80% der Wirkung erreicht werden, bedeutet das, dass mit 20% des Aufwandes bereits 80% des Nutzens geschaffen wird. Einige wenige Dinge scheinen damit viel wichtiger zu sein als andere. Wie aber finden Sie heraus, welche 20% in Ihrem täglichen Arbeitsanfall 80% Nutzen bringen?

Schauen Sie dazu:
◆ wo Ihre Stärken liegen,
◆ an welcher Stelle Sie mit geringem Energie-, Kraft- und Zeitaufwand eine hohe Wirkung erzielen,
◆ wo Ihre Schwächen sind und
◆ an welcher Aufgabe Sie besonders lange arbeiten, weil sie Ihnen nur schwer von der Hand geht.

Praxistipp

Das Pareto-Prinzip ist ressourcenorientiert. Konzentrieren Sie sich – wo immer möglich – auf die Aufgaben, bei denen Ihre Stärken liegen, und lagern Sie andere – wo immer möglich – aus oder delegieren Sie sie.

80/20-Denken bedeutet Konzentration auf das Wesentliche. 80/20 bedeutet Konzentration auf wirkungsvolle Arbeit, profitable Produkte, Dienstleistungen oder Geschäfte. 80/20 bedeutet Dinge zu tun, bei denen man wesentlich mehr herausbekommt, als man hineinsteckt. In dem Zusammenhang fällt mir das erste Seminar ein, das ich vor Jahren gehalten habe, der Titel lautete: „Wir sind da am besten, wo wir uns am wenigsten anstrengen."

(H)einzel-Tipp

Aufgepasst im Büroalltag! Paretos Fallen lauern überall und Sie sind hineingetappt, wenn Sie
- immer die Aufgaben erledigen, die andere Ihnen aufs Auge drücken
- Dinge ausschließlich so tun, wie sie immer schon gemacht wurden
- etwas tun, das Sie nicht gut beherrschen
- Tätigkeiten ausüben, bei denen Sie ständig unterbrochen werden
- mit unzuverlässigen oder inkompetenten Menschen zusammenarbeiten
- an Besprechungen teilnehmen, bei denen es nicht zu einem Ergebnis kommt

---

Die einfache Stapel-Methode

Wie wir im zweiten Kapitel schon festgestellt haben, sind wir sehr unterschiedlich in unserem Denken darüber, was eine gute Übersicht und Organisation ausmacht. Was für den einen schon ein perfekt aufgeräumter Arbeitsplatz ist, ist für den anderen immer noch unübersichtlich.

Etwas ist uns aber allen weitgehend gemein: Zeit ist nie genug vorhanden – wir treffen nur sehr selten Menschen, die sich an ihrem Arbeitsplatz langweilen, und das sind interessanterweise auch diejenigen, die sich über kurz oder lang einen neuen Job suchen – und kompetent in dem, was unsere Aufgabe ist, möchten wir alle erscheinen.

Die einfache Stapel-Methode ist für diejenigen geeignet, die ein allzu aufgeräumtes Büro blockiert, und für diejenigen, die wissen, dass sie dauerhaft nicht dazu tendieren werden, die einmal hergestellte Grundordnung beizubehalten.

> Mit der Stapel-Methode wird das Suchen nicht aufhören, aber man kann Zeit gewinnen, weil es nicht mehr so lange dauert.

Bilden Sie dazu vier bis sechs Stapel (Körbchen) und beschriften Sie sie nach Ihren Bedürfnissen, zum Beispiel:
◆ Stapel 1: Das will ich erledigen
◆ Stapel 2: Das lese ich in Kürze
◆ Stapel 3: Darüber spreche ich mit anderen
◆ Stapel 4: Das verschwindet demnächst in Ordnern

Mit diesen Stapeln haben Sie eine einfache Grundordnung, in der sich notfalls auch eine Vertretung zurechtfinden kann. Achten Sie hier bitte nur auf zweierlei:
◆ Platzieren Sie die Stapel nicht auf Ihrem Schreibtisch
◆ und sorgen Sie dafür, dass sie nicht zu hoch werden („Eichstrich?!").

Spätestens am Ende einer Woche ist es Zeit, sich die Stapel vorzunehmen und dafür zu sorgen, dass sie schrumpfen, bevor wieder neues Schriftgut hinzukommt.

5.2   Zeitfresser

Es sind oft nicht die großen Aufgaben, die dafür sorgen, dass der Tag sich scheinbar in Luft auflöst und wir wieder nicht alles geschafft haben. Vielmehr sind wir wahrscheinlich in eine der vielen kleinen Zeitfallen getappt, die uns oft auch im Nachhinein gar nicht bewusst sind. Prüfen Sie doch einmal kritisch, welche der Zeitfresser an Ihrem Zeitbudget nagen, und ändern Sie konsequent, was Sie stört.

Reden über Themen, die Sie nichts angehen oder (noch) nicht betreffen

Sie kennen das: Es fängt ganz harmlos an mit einem Small-Talk am Kopierer, aber dann deutet der Kollege Ihre Freundlichkeit als ausgeprägtes Interesse und erzählt Ihnen von seinen Problemen mit dem Vorgesetzten. Sie hören mit gemischten Gefühlen zu – einerseits haben Sie eigentlich jetzt keine Zeit für ein solches Gespräch, andererseits fühlen Sie sich geehrt, dass er gerade Sie als Gesprächspartner(in) aussucht. Schnell werden aus zwei Minuten Small-Talk 15 Minuten intensives Zuhören und Nachfragen (von Ihrer Seite).

Wenn es von solchen „Kleinstgesprächen" mehrere am Tag gibt, ist schnell eine Stunde fruchtlos verstrichen. Hier hilft nur eines: Kappen Sie solche Gesprächsversuche, Jammer- und Schimpftiraden im Ansatz! Die folgenden Überlegungen helfen Ihnen dabei:

◆ In 15 Minuten haben Sie ein ernstes Problem ohnehin nicht gelöst, und wenn es nicht ernst ist, dann ist es entschuldbar, dass Sie (momentan) nicht darüber reden.

◆ Sie sind nicht egoistisch, wenn Sie ein solches Gespräch im Keim ersticken – Ihr Gesprächspartner ist es, wenn er Sie ungefragt in ein solches verwickelt.

◆ Sie sind nicht die Person seines Vertrauens, sondern eine von vielen. Er wird die Situation außer Ihnen noch einigen anderen Kollegen beschreiben.

◆ Sie unterstützen damit das Gerede in der Firma – viel einfacher wäre es doch, der Kollege würde das Problem mit demjenigen lösen, mit dem er es hat.

◆ Stellen Sie sich vor, Sie werden in etwas hineingezogen, und Ihr Kollege sagt dann seinem Vorgesetzten: „Die

Frau X oder der Herr Y sieht das genauso wie ich!" Unangenehm, oder?

◆ Ratschläge sind immer eine unbefriedigende Sache, denn meist handelt der Betreffende nicht nach Ihrem Ratschlag, sondern so, wie er es für richtig hält.

Wir wollen nett sein und uns nicht unbeliebt machen – vielleicht lässt sich ein solches Gespräch zwischen Tür und Angel auch auf freundliche Art im Keim ersticken, z. B. so:

> ◆ Ihr Vertrauen ehrt mich, aber im Moment habe ich nicht genügend Zeit, um mich näher auf das Thema einzulassen.
> ◆ Sehen Sie es mir bitte nach, Herr Muster, aber ich kann Ihnen aus meiner Erfahrung heraus nichts Konstruktives zu Ihrer Situation sagen. Sprechen Sie doch einmal mit dem Vorgesetzten darüber.
> ◆ Mir läuft die Zeit weg, seien Sie mir deshalb nicht böse, wenn ich mich wieder um meine Kopien kümmere.
> ◆ Es ist mir unangenehm, über Situationen zu sprechen, die ich nicht wirklich beurteilen kann.

Das Ganze gilt auch für die Situationen, in denen über nicht anwesende Dritte und nicht über ein Problem gesprochen wird. Begünstigen Sie auch hier nicht den Klatsch und Tratsch im Unternehmen. Meist ist man viel höher geachtet, wenn man sich raushält, sofern man nicht selbst betroffen ist. Sie brauchen sich auch nicht lang und breit zu rechtfertigen, wenn Sie aus einem solchen Gespräch aussteigen. Eine kurze, höfliche Erklärung wie oben reicht völlig aus.

(H)einzel-Tipp

Es ist nicht Ihr Job, jedem zu helfen und jeden zu therapieren. Wenn wirklich jemand dringend Hilfe braucht, dann braucht das einen anderen Rahmen, als ein Tür-und-Angel-Gespräch ihn bietet.

Nicht auf den Punkt kommen

Sie meinen es gut und sind der Meinung, dass Sie Ihrem Gesprächspartner umfangreiche Informationen zu einem Thema geben müssen – das müssen Sie in den meisten Fällen jedoch nicht! Weniger ist oft mehr!
Fassen Sie sich in Ihren Schilderungen kurz und beschränken sich auf die wichtigsten Fakten. Haben Sie Vertrauen in Ihren Gesprächspartner – wenn er nicht genügend Informationen oder Sie nicht verstanden hat, kann er es sagen oder nachfragen.

Wenn er Sie fragt: „Gibt es die Decke auch in Grün?", dann beantworten Sie einfach seine Frage und sagen Sie: „Ja!" Es hilft ihm nicht weiter, wenn Sie zu langen Tiraden ansetzen: „Früher hatten wir sie nicht in Grün, weil die meisten Kunden sich für Grün nicht begeistern konnten. Die gängigen Farben waren da Beige und Braun. Dann haben wir aber einen Trendwechsel festgestellt und sofort darauf reagiert. Seitdem produzieren wir die Decke auch in Rot, Violett, Blau, Gelb und, ach ja, Grün!"

Weniger ist oft mehr. Beschränken Sie sich in Ihrem Kommunikations- und Informationsbedürfnis!

Besprechungen ohne eindeutige Ergebnisse

Überlassen Sie bei Konferenzen, Besprechungen, auch denen mit Ihren Kollegen, Mitarbeitern oder Kunden, nichts dem Zufall, sondern planen Sie Zeit, Ablauf und Inhalte so weit wie möglich.

Das kennen Sie bestimmt auch: Sie haben gut zwei Stunden in einem Meeting gesessen, alle haben etwas gesagt, und sei es nur, dass sie die Äußerung des Vorredners mit eigenen Worten wiederholt haben. Am Ende hat der Besprechungsleiter auf die Uhr gesehen und gesagt, er habe jetzt ein Kundengespräch und

müsse das Meeting an dieser Stelle abbrechen. Frustrierend –
zwei Stunden für nichts, außer dass Ihnen wieder einmal klar geworden ist, dass die meisten Kollegen ganz schöne Wichtigtuer
sind.

Wenn Sie Besprechungen etc. planen, beachten Sie die folgenden Punkte:
◆ Legen Sie den Termin, den Beginn UND das Ende der
  Besprechung (des Gespräches) fest und informieren Sie
  alle Beteiligten (am besten schriftlich) darüber.
◆ Reservieren Sie rechtzeitig den Raum in entsprechender
  Größe und stellen Sie sicher, dass zum Termin alle Tische
  und Stühle so stehen, wie Sie es brauchen, dass gelüftet
  wurde und ggf. Getränke und Gebäck bereitstehen. (Bei
  Meetings hat es sich allerdings gezeigt, dass sie kürzer
  ausfallen, wenn keine Plätzchen bereitstehen.)
◆ Stellen Sie selbst sich vor dem Termin die folgenden
  Fragen:
  – Bei Konferenzen: Wer sollte im Hinblick auf Ziel und
    Entscheidungen an der Konferenz teilnehmen?
  – Welche Unterlagen werden wir brauchen – welche da-
    von sollten den Teilnehmern vorher zur Verfügung
    gestellt werden?
  – Was ist mein Ziel für das Meeting / die Konferenz /
    das Gespräch?
  – Welche Ergebnisse will ich erreichen?
  – Welche Themen will ich dazu ansprechen?
  – Welche Entscheidungen sind zu treffen?
  – Was möchte ich vermeiden und wie stelle ich sicher,
    dass es nicht dazu kommt (z. B. Durcheinanderreden,
    Verzetteln, Konkurrenzgehabe)?
  – Welche Gegenargumente bzw. Einwände habe ich zu
    erwarten und wie werde ich damit umgehen?
  – Wie werde ich das Gespräch / die Sitzung / die Konfe-
    renz eröffnen und wie könnte ich evtl. schließen (der

Beginn sollte definitiv feststehen, der Schluss als Option, abhängig vom Ablauf)

Für den Ablauf achten Sie auf Folgendes:

◆ Starten Sie pünktlich und warten Sie nicht auf Zuspätkommer, nehmen Sie von diesen später keine Notiz, wenn sie hereinkommen.

◆ Begrüßen Sie kurz und schaffen Sie durch die Art der Begrüßung eine angenehme Atmosphäre (keine ironischen Sprüche, wie: „Selbst Herr Meyer ist ja heute mal pünktlich gekommen.")

◆ Nennen Sie noch einmal die zur Verfügung stehende Zeit (die 60 Minuten nicht übersteigen sollte, weil danach die Konzentration nachlässt – außerdem führt begrenzte Zeit oft zu besseren Ergebnissen) und das Thema und legen Sie die „Regeln" fest (z. B.: Wer soll Ihnen nach einer halben Stunde die Uhrzeit nennen? Wer soll Protokoll führen? Wie verfahren Sie mit Fragen – soll man sich zu Wort melden oder darf man einfach reden?) und halten Sie sich selbst konsequent an diese Regeln.

◆ Kommen Sie zügig und ohne überzogene Selbstdarstellung zu den Zielen und Themen.

◆ Werten Sie die Meinung der Teilnehmer nicht ab, aber sorgen Sie dafür, dass nur neue Aspekte und keine Wiederholung des zuvor Gesagten zulässig sind.

◆ Verweisen Sie bei Kommentaren, die nicht zu diesem Thema gehören und/oder nicht zielführend sind, auf eine andere Gesprächsgelegenheit.

◆ Fassen Sie zum Schluss noch einmal die Ergebnisse zusammen und bringen Sie selbst keine weiteren Ideen ein.

◆ Gibt es eine Agenda, halten Sie sich selbst konsequent daran und bitten auch die Teilnehmer darum.

◆ Treffen Sie klare Vereinbarungen darüber, wie weiter verfahren werden soll.

◆ Machen Sie durch Ihre Körpersprache deutlich, wenn die Besprechung jetzt für Sie beendet ist (z. B. Unterlagen ordnen, Stift in die Jacke, zum Aufstehen bereit machen.)

- Sollte das Gesprächsziel zum festgesetzten Endzeitpunkt nicht erreicht worden sein, brechen Sie das Meeting ab und vereinbaren Sie ein kurzes Nachfolgemeeting, das allerdings nur noch 30 Minuten dauern sollte. Bitten Sie darum, sich darauf intensiv vorzubereiten, damit das Gesprächsziel definitiv in dieser Zeit erreicht werden kann. (Bei Gesprächen weisen Sie darauf hin, dass das Gespräch nun zum Ende kommen sollte, und hängen Sie keinesfalls mehr als 10 Minuten an, sofern es Ihre Zeit überhaupt erlaubt. Es sollte kein Nachfolgetermin darunter leiden.)
- Danken Sie den Gesprächsteilnehmern für Ihre Aufmerksamkeit, Zeit oder die guten Beiträge und beenden damit das Gespräch / die Besprechung in angenehmer Atmosphäre.

Für die Nachbereitung: Stellen Sie sicher, dass das Protokoll spätestens am nächsten Tag fertig ist, denn später wird einiges vergessen oder die Wahrnehmung wird verfälscht. Gibt es keinen Protokollführer, erstellen Sie ggf. selbst ein Ergebnisprotokoll. Überlegen Sie gut, ob die Teilnehmenden ein Protokoll brauchen, wenn ja, fassen Sie sich kurz und beschränken sich tatsächlich auf die Ergebnisse bzw. die Handlungsanforderungen für den Einzelnen bzw. das Team.

(H)einzel-Tipp

Sind Sie selbst nicht Durchführender, sondern Teilnehmer an einer Besprechung und sehen, dass ein Teil dieser Punkte – oder gar alle – nicht berücksichtigt werden, fordern Sie Rahmenbedingungen ein. Wird zum Beispiel nur der Besprechungsbeginn genannt, fragen Sie nach: „Für meine weitere Planung – wann wird die Besprechung zu Ende sein?" Stellen Sie fest, dass immer wieder auf Nachzügler gewartet wird, bitten Sie darum, doch schon einmal anzufangen.

„Ja" sagen, wo „Nein" gedacht ist

Die beste Möglichkeit, Zeit zu sparen, ist die Verwendung des Wortes „Nein". Auch ein „Ja" ist oftmals kein riesiger Zeitfresser – abhängig vom Umfang dessen, was Sie zugesagt haben –, aber ein „Ja, aber …" frisst Unmengen Zeit und Energie in der Diskussion und anschließend in Ihren Gedanken.

Viele unserer Vorhaben werden durch Unvorhergesehenes gebremst, Störungen sind genauso an der Tagesordnung wie Bitten von Vorgesetzten und Kollegen „… kannst du mal eben ...? Bei einem guten Selbstmanagement gibt es genau zwei mögliche Antworten: Ja oder Nein. Es gibt kein „Mal gucken ..." oder „Vielleicht".

Wenn Sie sich entscheiden, „Ja" zu sagen, dann sagen Sie uneingeschränkt „Ja" und nicht „Ja, aber nur weil Sie es sind ...", „Ja, obwohl ich eigentlich keine Zeit habe", „Ja, aber richtig passen tut es mir gerade nicht". Solche Formulierungen lassen Sie in den Augen anderer inkonsequent, wichtigtuerisch oder unentschlossen wirken.

(H)einzel-Tipp

Tun Sie, was Sie zugesagt oder versprochen haben, gerne und ohne Reue und ohne nachzukarten, denn dann geht Ihnen die Arbeit leicht von der Hand. Dieses Mal haben Sie „Ja" gesagt, stehen Sie dazu. Beim nächsten Mal können Sie ja „Nein" sagen.

Die Gründe, warum es vielen von uns so schwerfällt, „Nein" zu sagen, sind vielfältig. Wenn wir uns auf die Schliche kommen und herausfinden, wer unser „Nein-Boykotteur" ist, ist es leichter, die Ängste, die wir mit dem Aussprechen eines „Neins" haben, zu überwinden. Die Hauptgründe sind die folgenden:

◆ Die Angst, abgelehnt und nicht mehr gemocht zu werden

Viele von uns haben schon als Kind die Erfahrung gemacht, dass Menschen uns mehr mögen, wenn wir ihren Erwartungen entsprechen und/oder ihnen irgendwie nützlich sind. Jetzt sind wir aber erwachsen und brauchen das Spiel „Sei lieb, dann mag ich dich auch" nicht mehr mitzuspielen. Ganz gleich, was wir tun, es wird uns nicht gelingen, uns durchs Leben zu bewegen, ohne an der einen oder anderen Stelle jemandem auf die Füße zu treten. Wenn wir das permanent vermeiden wollen, müssen wir konsequent unehrlich sein oder uns so lange verbiegen, bis wir nicht mehr als Persönlichkeiten wahrgenommen werden. Und dann wird es wiederum Menschen geben, die uns genau deshalb nicht mögen, weil wir so „angepasst" sind.

> Es muss Sie nicht jeder mögen. Everybody's darling is everybody's fool!

◆ Angst vor Konsequenzen

Diese Angst ist im Berufsleben durchaus berechtigt, denn nicht jeder reagiert freundlich, wenn Sie eine Bitte um einen Gefallen ablehnen. Es kann also durchaus zu einer offenen Auseinandersetzung oder auch einem versteckten Konflikt kommen, mit der Möglichkeit, im schlimmsten Fall sogar den Job zu verlieren. Deshalb ist hier der Ton des „Neins" besonders wichtig.

Klären Sie für sich selbst, warum Sie „Nein" sagen wollen: Nutzt jemand immer wieder Ihre Hilfsbereitschaft oder Gutmütigkeit aus? Schmückt er sich später mit fremden Federn? Hat er Ihnen noch nie einen Gefallen getan?

(H)einzel-Tipp

Dann wägen Sie ab, wie wichtig Ihnen das „Nein" ist. Ein nicht erklärtes „Nein" aus Prinzip ist ein schädliches

> „Nein". Haben Sie den Eindruck, ausgenutzt zu werden,
> nutzen Sie diesen Anlass für ein grundsätzliches Ge-
> spräch über Ihr Empfinden.

◆ **Das Bedürfnis gebraucht zu werden**

Haben Sie ein kleines Helfer-Syndrom? Es ist schön, anderen Menschen behilflich zu sein, und es tut ja auch gut, dafür gelobt zu werden. – Prima, dann stehen wir aber auch zu
unserem „Ja" und meckern nicht hinten herum bei anderen
oder im internen Dialog, dass wir es mal wieder nicht geschafft haben, „Nein" zu sagen.

◆ **Angst etwas zu versäumen**

Wenn ich „Nein" sage, fragt er sicher jemand anderen und
der macht es vielleicht noch besser als ich und dann werde
ich beim nächsten Mal nicht mehr gefragt und dann bin ich
vielleicht nicht mehr so im Thema oder im Geschehen ...
Kennen Sie solche Gedankenketten? Möglicherweise stimmt
es, Sie sind dann vielleicht in diesem Bereich nicht so gut
informiert, aber müssen Sie das sein?

> Mit jedem „Nein" setzen Sie Prioritäten, Sie treffen eine
> klare Entscheidung gegen etwas, zugunsten von etwas
> anderem. Bleiben Sie standhaft, Sie können nie überall
> sein.

Nutzlose Kritik

Kritik ist dann nutzlos, wenn Sie nicht klar und verhaltens-
bezogen ist und wenn Sie nicht darauf abzielt, Verhaltens-
änderungen beim anderen zu initiieren.

An sich geht das alles ganz schnell und es fängt auch harmlos
an: Sie treffen einen Kollegen, der vor Ihnen kopiert hat, im
Kopierraum. Er hat das letzte Papier verbraucht und nicht aufge-

füllt. Sie sind verärgert und das hört man Ihnen auch an: „Sagen Sie, können Sie nicht auch mal das Papier auffüllen, wenn Sie das letzte Blatt verbraucht haben? Ich finde ihr Verhalten alles andere als kollegial." Der Kollege wird rot und reagiert: „Och, ist mir gar nicht aufgefallen, dass der Behälter leer war." Jetzt ärgern Sie sich noch mehr, weil Sie sich von dem Burschen veräppelt fühlen.

Kritik ist schnell geäußert und Vorwürfe schnell gemacht, manchmal steht jedoch das Ergebnis in keinem Verhältnis zum Anlass, denn manchmal verschlechtert sich ein Verhältnis durch einen so kleinen Vorfall deutlich oder es entsteht sogar ein Konflikt daraus.

Überlegen Sie sich gut, ob es eine Sache wert ist, massive Kritik zu äußern. Zum Zusammenleben wie zum Zusammenarbeiten gehören Toleranz und die Gelassenheit, nicht alles nach dem eigenen Geschmack verändern zu wollen. Überlegen Sie, ob es vielleicht auch nur Rechthaberei oder Wichtigtuerei ist, wenn Sie etwas kritisieren wollen, und ob Sie sich über den Umstand morgen auch noch ärgern werden.

(H)einzel-Tipp

Sollten Sie sagen: „Ich sage immer spontan, wenn mich etwas stört, und mache aus meinem Herzen keine Mördergrube", dann vergessen Sie bitte auch das Loben nicht!

Richtig kritisieren, im Sinne von wertschätzend und ergebnisorientiert, ist gar nicht so schwer, wenn Sie den folgenden Schritten der Gewaltfreien Kommunikation folgen.

1. Beobachtung

   „Sie sind in diesem Monat fünfmal unpünktlich gekommen, Herr Meyer."

2. Ihr Gefühl (als Ich-Botschaft)

   „Ich bin darüber enttäuscht, ..."

3. Ihr Bedürfnis

   „... denn mir ist es wichtig, dass sich alle an die Arbeitszeiten halten."

4. Ihre Bitte (bzw. Aufforderung zur Veränderung)

   „Seien Sie deshalb bitte ab sofort morgens um 8.00 Uhr hier."

Falsch wäre die folgende Kritik gewesen:

   „Sagen Sie, haben Sie eigentlich keinen Wecker? Doch? Dann benutzen Sie ihn auch! Sie kommen permanent zu spät und ich habe das Gefühl, Sie wollen mich damit provozieren. Stellen Sie das also ab."

Sie sehen und spüren wahrscheinlich sofort den Unterschied: Gefährlich für die Kommunikation ist Kritik an der Person, also das Überstülpen eines subjektiven Urteils: „Du hast einfach keinen Stil" oder „Du bist genauso ungeschickt wie dein Vater".
Ein Verhalten kann man ändern – nur schwer ändern kann man jedoch seine Eigenarten, sein Wesen. Deshalb löst Kritik an der Person ein Gefühl von Hilflosigkeit aus. Sie wird als pauschale Ablehnung erlebt und das ist so schmerz-

haft, dass man sich dagegen schützen oder sich wehren muss.

Bezieht sich Kritik dagegen nur auf ein bestimmtes Verhalten, so eröffnen sich damit Chancen für eine Veränderung.

> Die goldene Regel des Kritisierens lautet: Beschreibe klar und deutlich das störende Verhalten, schildere, was dieses Verhalten bei dir auslöst, und sage konkret, was du stattdessen gerne hättest, was der Gesprächspartner tun könnte oder sollte.

Kritik wird nur dann als wohlwollend und konstruktiv empfunden, wenn wir auch Perspektiven zur Veränderung aufzeigen.

Günstig (wenn auch nicht immer notwendig) ist es, wenn wir dem Gesprächspartner deutlich machen, dass es sich nur um sein Verhalten in dieser speziellen Situation handelt, wir ihn (und sein Verhalten) aber ansonsten schätzen.

> „Sie sind in diesem Monat fünfmal unpünktlich gewesen. Ich wundere mich darüber, weil Sie ansonsten ein verlässlicher Mensch sind, aber in diesem Fall bin ich enttäuscht ..."

Mit dieser Art zu kommunizieren, sparen Sie sich viel Zeit und Ärger. Wenn wir alle so miteinander sprechen würden, bliebe wenig Raum für Interpretationen dessen, wie der andere das Gesagte gemeint haben könnte.

Falscher Umgang mit E-Mails

E-Mails – Fluch und Segen, denn sie machen den täglichen Druck größer, vermehren die Informationsflut und begünstigen Missverständnisse und machen die Kommunikation andererseits so schnell und so einfach wie nie zuvor.

Die E-Mails selbst können nichts für ihre Wirkung auf uns, es liegt an unserer inneren Haltung, unserer Selbstdisziplin

(z. B. unsere Neugier zu zügeln), wie wir mit ihnen umgehen. E-Mails eignen sich nicht zum Austragen von Konflikten, für Kritikäußerungen oder langatmige Diskussionen und können, wenn es auch noch so einfach scheint, nie ein persönliches Gespräch ersetzen.

Um den Umgang mit den elektronischen Mails so einfach und effektiv wie möglich zu machen, schauen wir uns die beiden unterschiedlichen Vorgänge E-Mails empfangen und E-Mails senden getrennt voneinander an.

E-Mails empfangen

Hier meine Empfehlungen:

◆ Überprüfen Sie Ihren Posteingang nicht zu oft auf Neueingänge, legen Sie feste E-Mail-Zeiten fest. Unterstützen Sie sich selbst dabei, Ihre Neugier zu zügeln, indem Sie akustische Signale, die auf neue E-Mails hinweisen, ausschalten.

◆ Entscheiden Sie beim Lesen einer neuen E-Mail sofort, wie Sie die Nachricht bearbeiten wollen. (Sie haben ja vorher eine Lese- und Bearbeitungszeit eingeplant, also morgens, mittags, abends, und können Sie jetzt im Block erledigen.)

◆ Sortieren Sie eingehende E-Mails sofort, z. B. nach:
  – Lesen, Bearbeiten, Ablegen
  – Kunde oder Lieferant
  – Projekt A, B oder C
  – Chef, Mitarbeiter, Sekretariat

  und legen Sie sie gleich in unterschiedlichen Posteingangsordnern ab. Sorgen Sie auf diese Weise dafür, dass Ihr Posteingang regelmäßig geleert wird.

◆ Löschen Sie E-Mails ungeöffnet und ungelesen, wenn Absender bzw. Betreff unbekannt, unwichtig oder uninteressant sind. Schlimmstenfalls löschen Sie einmal eine E-Mail zu viel und der Absender wird sich, wenn es wichtig ist, wieder bei Ihnen melden.

◆ Setzen Sie den Spamfilter ein und löschen Sie durchgerutschte, unerwünschte E-Mails sofort.

- Beachten Sie die Zwei-Minuten-Regel – wenden Sie nicht mehr Zeit auf, um eine E-Mail zu lesen.
- Antworten Sie dem Absender innerhalb von 24 Stunden (Netiquette). Bei diesem schnellen Medium erwartet der Absender eine unmittelbare Rückmeldung. Informieren Sie ihn vor allem, wenn die Bearbeitung länger dauert oder Sie eine Anfrage nicht bearbeiten können/wollen oder einen Auftrag nicht oder noch nicht ausführen können. Es geht um Fairness und Verlässlichkeit und darauf hat jeder Absender ein Recht.
- Nutzen Sie konsequent den Abwesenheitsassistenten bei einer Abwesenheit von mehr als 2 Tagen, Sie reduzieren damit die E-Mails, die Sie nach Ihrer Rückkehr zu bearbeiten haben.
- Erstellen Sie für E-Mails, bei denen Sie sich noch nicht im Klaren sind, ob und was Sie mit ihnen tun sollen oder müssen, einen Sechs-Wochen-Ordner und legen Sie die E-Mails dort ab. Nach sechs Wochen werden die gesammelten E-Mails automatisch gelöscht.

E-Mails senden

Meine Empfehlungen hierfür:
- Wählen Sie Ihre Empfängerliste sorgfältig aus und fragen Sie sich, für wen diese E-Mail wirklich wichtig ist und wer sie vielleicht noch von anderer Stelle erhält.
- Halten Sie sich auch hier an die Zwei-Minuten-Regel: Das Schreiben einer E-Mail sollte nicht mehr als zwei Minuten in Anspruch nehmen. (Haben Sie eine längere E-Mail mit höherem Zeitaufwand zu schreiben, planen Sie diese als separate Aufgabe ein.)
- Wählen Sie aussagefähige Betreffzeilen oder schreiben Sie Kurzinfos gleich in die Betreffzeile (z. B. „Zum Thema Messe melde ich mich Montag").
- Fassen Sie sich kurz und beschränken Sie sich auf die Kerninformationen: Fassen Sie im ersten Absatz das Thema zusammen, schreiben Sie übersichtlich in knappen Absätzen, versetzen Sie sich immer in die Lage des

Empfängers, der auf den ersten Blick erkennen möchte, was Sie von ihm wollen.

◆ Nutzen Sie Zeichen zur Priorisierung (!), aber nur dann, wenn es wirklich darauf ankommt, damit sich diese Zeichen nicht abnutzen.

◆ Antworten Sie (farblich gekennzeichnet) direkt an der betreffenden Stelle in der ursprünglichen E-Mail Ihres Empfängers.

◆ Vermeiden Sie Antworten an alle. Antworten Sie dem Absender lieber direkt (E-Mail-Flut!) und gehen Sie sparsam mit dem CC und BCC um.

◆ Nutzen Sie das BCC verantwortungsbewusst und nicht, um andere anzuschwärzen – das wäre ganz schlechter Stil.

◆ Geben Sie klare, deutliche Aufträge, wer was bis wann tun soll und machen Sie ggf. auch Ihren Rückmeldewunsch deutlich. („Ihre Rückantwort erbitte ich bis …")

◆ Notieren Sie sich weitergeleitete E-Mail-Aufträge im Kalender, der Wiedervorlage oder im Rücksprache-Ordner.

◆ Denken Sie daran, dass Sie ein Telefon haben und nutzen Sie es, gerade wenn es auf Zwischentöne ankommt.

Das leidige Protokollführen

„Frau Müller, seien Sie so nett und führen Sie bei der Besprechung nachher doch eben mal Protokoll …", sagt Ihr Vorgesetzter und meint es sicher nicht böse. Im Gegenteil, wahrscheinlich ist es ein Vertrauensbeweis, aber Sie sind erst einmal geschockt, weil Sie beim Protokollschreiben nicht viel Erfahrung haben.

Dabei ist es meist gar nicht so schwierig, wenn Sie erst einmal wissen, welche Art von Protokoll von Ihnen erwartet wird (meist ist es heute kein ausführliches Verlaufsprotokoll mehr) und dann schauen Sie sich einfach die folgenden Hilfen an und starten Sie entspannt.

Anforderungen an ein Protokoll

Protokolle dienen als Beweismittel, der Dokumentation, als Information für nicht anwesende Dritte bzw. als Arbeitsgrundlage. Sie beruhen auf Mitschriften oder Notizen zu einer Besprechung.

Protokolle sollen die Realität abbilden, das heißt, sie dürfen keine eigene Wirklichkeit schaffen.

Der Protokollant ist neutraler Beobachter, er muss sich mit eigenen Wortbeiträgen zurückhalten und beim Schreiben darauf achten, persönliche Wertungen zu unterlassen.

> Protokolle dürfen nicht durch die Person des Verfassers, sein Vorwissen, seine Einschätzung der Situation oder seine Kritik geprägt sein.

Protokolle sollen einen angemessenen Umfang haben, sie müssen nicht möglichst detailliert Auskunft geben, sondern lediglich einen Überblick vermitteln. Die sachlich-logische Gliederung sollte durch sinnvolle Absätze erkennbar sein.

Überschriften sind nicht erforderlich. Die Hervorhebung wichtiger Aussagen (z. B. durch Fettdruck) ist dagegen unter Umständen empfehlenswert.

Unterschiedliche Protokollarten

◆ Wörtliche Protokolle

Sie geben Verlauf und Inhalte der Diskussion im Wortlaut wieder, hierbei sind die Regeln des Zitierens anzuwenden.

Wörtliche Protokolle haben eine sehr hohe Beweiskraft, sind jedoch sehr zeitaufwändig und umfangreich.

◆ Verlaufsprotokolle

Dies sind ausführliche Protokolle, die sowohl den Verlauf der Sitzung als auch die Inhalte der Redebeiträge (Thesen und Argumente) festhalten. Redner werden namentlich genannt.

Verlaufsprotokolle erfordern vom Protokollanten Sachkenntnis, Objektivität und Übersicht, da er fokussieren, d.h. Redeabsichten erfassen und Wesentliches vom Unwesentlichen trennen muss.

◆ Kurzprotokolle

Sie halten in Form von Thesen Inhalte, Verlauf und Ergebnisse der Diskussion fest. Es werden Hauptargumente aufgeführt, Namen werden nur dann erwähnt, wenn sie besonderen Informationswert haben.

Kurzprotokolle bieten in gestraffter Form eine Übersicht über eine Besprechung, sie verlangen vom Protokollanten Urteilsvermögen und Formulierungsgeschick.

◆ Ergebnis- bzw. Beschlussprotokolle

Solche Protokolle sind sachorientiert. Sie geben Anträge, Beschlüsse und Abstimmungsergebnisse wörtlich wieder, bieten darüber hinaus jedoch keine Hintergrundinformationen.

Sie eignen sich daher als Erinnerungsstütze für die Beteiligten, jedoch kaum für Außenstehende.

◆ Gedächtnisprotokolle

Diese werden nicht aufgrund von Notizen angefertigt, sondern aus der Erinnerung verfasst, wenn erst im Anschluss an ein Meeting vereinbart wurde, dass ein Protokoll zu erstellen ist. Sie sind als solche zu kennzeichnen.

Gestaltung eines Protokolls

Zum Protokoll gehören:
◆ Kopf (Angaben über Anlass, Zeit, Ort, Teilnehmer, ggf. Abwesende, Tagesordnungspunkte, Protokollführer, Verteilerliste)
◆ Abfolge (Thema/Themen und Verlauf der Sitzung)
◆ Inhalte der Besprechung
◆ Thesen der Diskussion und ihre Hauptargumente

- Ergebnisse, Beschlüsse
- Fuß (Termine, Unterschriften des Protokollführers und des Besprechungsleiters, Anlagenverzeichnis)

Der Protokollführer sollte in der Nähe des Besprechungsleiters an einem Platz sitzen, an dem er möglichst alle Teilnehmer gut sehen und verstehen kann. So ist es ihm möglich, Missverständnisse zu klären und die Übersicht zu behalten. Wenn ein Punkt für den Protokollanten nicht klar geworden ist, sollte er sofort nachfragen.

Die Sprache eines Protokolls

Protokolle geben Verlauf und/oder Ergebnisse einer Sitzung wieder und dürfen keine eigenen Schlussfolgerungen enthalten. Sie werden im Präsens verfasst. Sie überführen die mündliche Sprache des Meetings in Schriftsprache. Um Missverständnisse zu vermeiden, sollte hierfür der Konjunktiv gewählt werden.

Protokolle müssen unparteiisch und wertfrei sein, daher gilt es, neutrale Formulierungen zu wählen.

„Herumdoktern" an einem Brief

Die Blockade des leeren Blattes … – wer kennt sie nicht?

> Sie haben eine Reklamation eines Ihrer wichtigsten Kunden erhalten und von Ihrer Antwort hängt viel ab. Sie wollen sich also besonders viel Mühe geben und das, obwohl Sie sich selbst nicht für ein Schreibtalent halten. Sie fangen an und löschen, Sie fangen nochmals an und wieder gefällt Ihnen das Geschriebene nicht, Sie löschen erneut. Sie gehen in die Küche, holen sich einen Kaffee, dabei werden Sie von einem Kollegen angesprochen, der Sie an die noch nicht fertige Statistik erinnert. Sie kommen zurück zu Ihrem Schreibtisch, starren auf die immer noch leere Seite und könnten verzweifeln …

Nicht selten verliert man viel Zeit mit etwas, das einem nicht ganz so leicht fällt: das kundenorientierte Schreiben. Wir wollen so schreiben, dass wir unsere Sichtweise klar und eindeutig vermitteln, gleichzeitig aber den Kunden zufriedenstellen – beides zusammen scheint eine unüberwindbare Herausforderung zu sein. Häufig machen wir es uns dabei zu schwer, suchen nach den perfekten Formulierungen und vergessen, wie leicht es wäre, wenn wir einfach sagten, was wir meinen, und uns von jeglicher Brieffloskel lösen würden.

Gerade zum Thema „Kundenorientiertes Schreiben" gibt es zahlreiche Bücher, die Ihnen mit handfesten Tipps, die leicht umzusetzen sind, das Schreiben erleichtern (zwei im Übrigen auch von mir). Es gibt Bücher, die Ihnen gleich eine CD-ROM mitgeben, auf der Sie Briefmuster für alle Anlässe finden, in die Sie dann nur noch Ihre Zahlen, Daten und Fakten einsetzen müssen. Das ist eine Sache von zehn Minuten und man muss nicht alles können und nicht alles allein machen!

Beispiel: Frau Huber hat ihre Bewerbung an ein Unternehmen geschickt. Sie hat sich viel Mühe gegeben und wartet nun sehnsüchtig auf eine Antwort, denn sie möchte den ausgeschriebenen Job zu gerne haben und ihre Qualifikation deckt sich auch mit den Anforderungen an den Stelleninhaber.
Bei einem erneuten Blick auf die Anzeige bleibt ihr fast das Herz stehen – man bittet den Bewerber darum, gleich ein schlüssiges Konzept mitzuschicken. Sie hat diesen Absatz in ihrer Begeisterung schlicht übersehen! Jetzt zermartert sie sich das Hirn: Soll sie es auf sich beruhen lassen, wohlwissend, dass sie damit kaum eine Chance hat, zum Gespräch eingeladen zu werden? Soll sie erneut schreiben und das Konzept, das sie ohnehin im Kopf hat, nachreichen? Dann wird sie aber einen Fehler zugeben müssen und wie sollte sie das formulieren?
Es ist eigentlich ganz einfach, wenn Frau Huber schlicht sagt, was ist. Und das kann so aussehen:

„Sehr geehrte Frau Muster,
Sie wundern sich wahrscheinlich, heute noch einmal Post von mir zu bekommen, und beim Lesen des Grundes werden Sie womöglich denken: ‚Wer lesen kann, ist klar im Vorteil!' Damit haben Sie recht und es ist mir unangenehm, in meiner Begeisterung für die

ausgeschriebene Position einen entscheidenden Satz überlesen zu haben.

Fehler sind dazu da, dass man sie ausbügelt, und das möchte ich mit dem heutigen Schreiben tun. Sie erhalten also heute das Konzept, um das Sie gebeten hatten. Ich freue mich, wenn Sie mir – trotz meines Versäumnisses – Gelegenheit geben, Ihnen die Einzelheiten meines Konzeptvorschlags in einem Gespräch zu erläutern. Ich nutze derweil die Gelegenheit des erneuten Schreibens, um noch einmal zu bekräftigen, wie sehr mich die ausgeschriebene Stelle interessiert. Darf ich auf Ihre Nachsicht und Nachricht hoffen?

Mit freundlichen Grüßen"

Der Brief ist ehrlich, verzichtet weitgehend auf Floskeln, ist selbstkritisch, ohne unterwürfig zu sein, und gleichzeitig empfängerorientiert.

Denken Sie demnächst daran, wenn Sie wieder einmal nach komplizierten Formulierungen suchen und in Gefahr sind zu verzweifeln, dass Einfachheit der beste Weg ist. Und so bekommen Sie Einfachheit hin:

◆ Verzichten Sie von Anfang bis Ende auf Floskeln

Schreiben Sie nicht „.... unter Bezugnahme auf Ihr Schreiben vom, teilen wir Ihnen mit, dass ...", sondern wählen Sie eine „Sie- und Verb-Ansprache": „Sie baten um Informationen zu ..., wir senden Sie Ihnen gerne."

Schreiben Sie nicht „Bei Rückfragen stehen wir jederzeit gerne zur Verfügung", sondern: „Haben Sie Fragen? Dann freuen wir uns über Ihren Anruf" oder „Bei Fragen sind wir gern für Sie da".

◆ Verzichten Sie auf Streckverben und Substantivierungen

◆ Schreiben Sie nicht „Zum Versand bringen", sondern „versenden"

◆ Nicht: „In Erwägung ziehen", sondern „erwägen"

- Nicht: „Klärung herbeiführen", sondern „klären"
- Nicht: „In Rechnung stellen", sondern „berechnen"
- Nicht: „Das Unternehmen hat eine Umsatzerhöhung bei gleichzeitiger Produktionskostensenkung realisieren können", sondern „Wir haben es geschafft, den Umsatz zu erhöhen und gleichzeitig die Produktionskosten zu senken".

◆ Verzichten Sie auf Fremdwörter und aufgeblähte Amtsformulierungen:

Wenn Sie eine Kuh „Kuh" nennen, weiß jeder was gemeint ist, wenn Sie dagegen schreiben „Ein Grünfutter verzehrendes Großvieh in den öffentlichen Grünanlagen führte ursächlich dazu, dass ein verrenteter Passant den Fahrtrichtungsanzeiger eines querenden Kraftfahrzeugs übersah und sich durch die folgende Kollision mit dem Fahrzeug Verletzungen zufügte", muss jeder erst lange überlegen, was eigentlich passiert ist. Es hätte dort auch stehen können: „Ein Rentner traf im Park eine Kuh und übersah dadurch, dass ein vorbeifahrender Wagen den Blinker gesetzt hatte. Es kam zu einem Zusammenstoß, bei dem der Rentner verletzt wurde."

◆ Formulieren Sie möglichst positiv und konstruktiv
Negativformulierungen führen zu einem negativen Image. Überlegen Sie deshalb immer, wie Sie einen Sachverhalt möglichst positiv ausdrücken können. Sagen Sie nicht, was Sie nicht tun können, sondern was Sie tun können und werden.

Schreiben Sie nicht: „Wir bedauern, Ihnen mitteilen zu müssen, dass wir Ihnen die Ware erst in der 46. KW zur Verfügung stellen können."
Sondern: „Sie können schon einmal planen: In der 46. Woche ist die Ware bei Ihnen!"

◆ Verwenden Sie konkrete Aktiv-Formulierungen
Durch zu viele Passiv-Formulierungen wird jedes Schreiben kühl und distanziert, Verantwortung wird nicht klar festgelegt. Sagen Sie, wer was bis wann zu tun hat.

> Also nicht: „Um zeitnahe Abgabe der Tagesordnungspunkte wird gebeten." Sondern: „Bitte schicken Sie uns Ihre Tagesordnungspunkte bis Freitag dieser Woche."

Wenn Sie mehr darüber wissen möchten, wie Sie beim Schreiben viel Zeit sparen können, empfehle ich Ihnen das Lesen eines Buches zum Thema, z.B. mein Buch „Geschäftskorrespondenz". Das kostet zwar vielleicht ein bisschen Lesezeit, aber auf lange Sicht sparen Sie Zeit und Nerven.

Das schlechte Gedächtnis

Keine Frage des Alters, sondern eher eine der Überforderung, des „Zuviel-im-Kopf-habens": Wir vergessen Dinge, Namen, Zeiten etc. und verbringen viel Zeit damit, unser Gehirn zu martern, damit es den gerade versagten Dienst nun doch erfüllt.

> Gedächtnis und Konzentrationsfähigkeit lassen sich trainieren.

Das macht zwar ein bisschen Arbeit und erfordert Konsequenz, aber Sie sparen auf Dauer viel Zeit und sorgen dafür, dass Ihr Gehirn sich nicht frühzeitig zur Ruhe setzt.

Hier ein paar Ideen, wie Sie Ihr Gedächtnis trainieren können:
◆ Wenn sich Ihnen jemand vorstellt, wiederholen Sie den Namen desjenigen im ersten Gespräch so häufig wie möglich. Sprechen Sie ihn darauf an, wo sein Name herkommt, wenn er ungewöhnlich ist. Lassen Sie sich den Namen buchstabieren oder schreiben Sie sich ihn gleich

nach dem Gespräch auf. Was Sie geschrieben haben, behalten Sie leichter.

◆ Unterstützen Sie Ihr Gedächtnis, das in Bildern arbeitet, indem Sie sich Bilder zu dem Namen vorstellen.

Bei Blumenfeld z.B. ein ganzes Feld voll mit rotem Mohn oder bei Bauernfeld einen Bauern, der mit großen Schritten sein Feld abschreitet.

◆ Fallen Ihnen zu einem Namen keine Bilder ein, konzentrieren Sie sich auf markante Merkmale dieses Menschen.

Hat Herr Meyer vielleicht eine Glatze? Dann speichern Sie ihn vielleicht als Platten-Meyer. Hat Frau Huber besonders weibliche Rundungen? Dann speichern Sie sie unter Rubens-Huber.

◆ Oder versuchen Sie es mit einem kurzen Reim.

Frau Itzig ist hitzig, Herr Schmidt kommt mit und Frau Merhaut lacht laut.

◆ Machen Sie sich große Zahlen kleiner, merken Sie sich Zahlen portionsweise.

Anstelle von 34250000 merken Sie sich 342 500 00.

◆ Auch Zahlen lassen sich mit Bildern kombinieren.

3 = Brei, 4 = Bier, Zwo = Zoo, 5 = Strümpf, 0000 = Bullen.

◆ Spielen Sie Memory, Schach oder andere Brettspiele zum Trainieren Ihres Gedächtnisses.

◆ Machen Sie Autogenes Training, Progressive Muskelrelaxation oder andere Übungen zur Entspannung.

◆ Lassen Sie Ihr privates Handy während der Arbeit in der Tasche.

◆ Setzen Sie sich in Ruhe hin und denken Sie immer nur an braune Kühe. Sobald ein anderer Gedanke dazwischen kommt, sagen Sie laut: „Stopp!", und schieben Ihre Kuhgedanken wieder nach vorne.

◆ Wenn Sie – möglichst als Beifahrer – im Wagen sitzen, versuchen Sie sich auf dem Weg zum Ziel so viel wie möglich vom Wegesrand zu merken und fragen Sie sich später: Was habe ich gesehen? Einen Supermarkt, eine Tankstelle, ein Waldstück, eine Autofirma …

◆ Fahren Sie die gleiche Strecke ein nächstes Mal, versuchen Sie vorauszusagen, was als Nächstes kommt: erst der Supermarkt, dann die Tankstelle …

◆ Nehmen Sie das Selbstverständliche mit allen Dingen wahr: Wie fühlt sich das Spülwasser auf Ihrer Haut an? Welche Handbewegungen machen Sie genau beim Bügeln? Welche Geräusche macht das Bügeleisen?

◆ Entwickeln Sie (wieder) ein Gespür für Ihren Körper. Achten Sie darauf, wie Sie gehen, wie Sie sitzen, welche Handbewegung Sie gerade machen, wie schaffen Sie es eigentlich, aus eigenem Antrieb zu laufen?

◆ Konzentrieren Sie sich auf Ihren Atem. Verspüren Sie innere Unruhe, setzen Sie einen Schwerpunkt auf das bewusste Ausatmen.

◆ Im Gespräch mit Menschen: Schauen Sie Ihr Gegenüber interessiert an, reden Sie nicht so viel von sich, sondern stellen Sie dem Gesprächspartner Fragen.

◆ Wenn Sie mit jemandem im Gespräch sind, tun Sie nichts nebenher und lassen Sie sich von nichts ablenken.

◆ Wenn Sie merken, dass Ihre Gedanken abschweifen, unterbrechen oder beenden Sie das Gespräch mit einer kurzen Erklärung oder rufen Sie sich selbst zurück ins Hier und Jetzt, indem Sie innerlich „Stopp" oder „Jetzt hier" sagen.

◆ Widmen Sie Menschen und Tätigkeiten Ihre ungeteilte Aufmerksamkeit. Tun Sie, was Sie tun, ganz!

5.3 Selbstmanagement

Sie sehen, wie sehr die „Zeitfresser" mit Ihrer persönlichen Haltung verknüpft sind, und da wird eben deutlich, dass Zeitplanung ohne Selbstmanagement nicht möglich ist. Techniken, Methoden, Instrumente, Ideen zur Zeitplanung, zur Organisation Ihres Büros mögen helfen, aber vieles hängt von Ihrer Einstellung, der Bedeutung, die Sie sich selbst geben, und der Disziplin in der Umsetzung ab.
Die Palette dessen, was zu einem guten Selbstmanagement gehört, ist breit gefächert. Lassen Sie uns im Rahmen dieses Buches drei Themen etwas genauer ansehen:

Biorhythmus, Ernährung, Entspannung und Freude

Wenn wir es vermeiden wollen, irgendwann an einem Burn-out-Syndrom zu erkranken, spielen Freude an der Arbeit, Freundschaften, Liebe und ein ausgewogenes Verhältnis zwischen geistigen Anforderungen und körperlichem Ausgleich eine Rolle. Wichtig sind in diesem Zusammenhang aber auch ein Leben, das nicht permanent gegen den eigenen Biorhythmus angeht, und eine Ernährung, die tatsächlich nährt und nicht nur satt macht.

Der Biorhythmus

Die Leistungskurve bei Menschen ist ähnlich, allerdings gibt es individuelle Schwankungen, die nur jeder Einzelne für sich ermitteln kann, um dann sein (Arbeits-)Leben zumindest in etwa darauf zuschneiden zu können.

Die grundsätzliche durchschnittliche Leistungskurve umfasst drei grobe Abschnitte, in etwa wie folgt:

Durchschnittliche Leistungskurve	Gute Zeit für ...	Erklärung	Tipp
ca. 7 oder 8 Uhr bis 12 Uhr: Vom Morgen bis zum Mittag steigt Ihre Leistungskurve	wichtige zentrale Aufgaben (z. B. Entscheidungen, Besprechungen, schwierige Telefonate)	Sie sind ausgeschlafen und haben noch alle Kräfte	Bauen Sie ein zweites Frühstück ein (am besten Obst) und trinken Sie reichlich (Wasser)
ca. 12 bis 15 Uhr: Vom Mittag bis zum frühen Nachmittag sinkt Ihre Leistungskurve	nicht ganz so wichtige Arbeiten; aber Vorsicht: Was Sie in dieser Zeit lesen, vergessen Sie rasch	Das Verarbeiten des Mittagessens braucht Energie, sie wird dem Gehirn entzogen	Mittags leicht essen (ein eigenes Thema, zu dem viele Vorurteile kursieren, deshalb separat informieren)
ca. 15 Uhr bis 17 oder 18 Uhr: Vom Nachmittag bis zum Abend steigt die Kurve wieder; das „Hoch" des Vormittags wird nicht mehr erreicht	Routinearbeiten	Der Körper hat das Essen verdaut und sammelt Kräfte, aber der Tag dauert nun schon ein paar Stunden	Überlegen Sie zum Tagesabschluss, ob alles erreicht wurde, und planen Sie den nächsten Tag

Grundsätzliche menschliche Tagesleistungsverteilung

Der richtige Tagesabschluss ist wichtig für Ihre Balance; die im obigen Tipp angeratene Bilanz bezieht sich auf den geistigen Teil, aber Sie müssen auch auf Ihren Körper achten: Wenn Sie sehr müde und ausgepowert sind, gehen Sie nicht (direkt) auf die Couch, sondern verschaffen Sie sich eine Art der Bewegung, die Ihnen entspricht. Danach fühlen Sie sich gestärkt. Und wenn das bisher noch nicht geschehen ist: Tun Sie etwas, das Ihnen richtig Spaß macht. Heute schon gelacht?

Die angegebenen Uhrzeiten und Zeitspannen sind Durchschnittswerte und schwanken im Einzelfall, bis hin dazu, dass jemand wirklich einen anderen Rhythmus haben mag.

Finden Sie deshalb Ihre individuelle Leistungskurve.

Dann können Sie in Zukunft Ihre Aufgaben Ihrem persönlichen Biorhythmus anpassen. Dazu brauchen Sie nur eine Woche lang ein paar Dinge zu protokollieren:

Checkliste zur Ermittlung des eigenen Biorhythmus

Protokollieren Sie eine Woche lang und werten Sie aus:
◆ Was tue ich in welcher Zeit?
◆ Wie schätze ich nach einem Notensystem von 1 bis 4 (1 für topfit, 4 für schlafwandelnd) meine Leistungsfähigkeit ein?
◆ Was frühstücke ich?
◆ Was esse ich zwischendurch?
◆ Was esse ich zu Mittag?
◆ Wann gehe ich schlafen?
◆ Wie fühle ich mich beim Klingeln des Weckers?

Danach experimentieren Sie einmal: Was passiert, wenn ich morgens früher aufstehe, wenn ich mehr (Wasser) trinke als gewöhnlich, wenn ich zu Mittag leichte Kost (z. B. Salat) esse, wenn ich nach Feierabend für Bewegung sorge, Sport treibe?

Schon eine kleine Veränderung schlägt Wellen und kann positive Veränderungen in anderen Bereichen nach sich ziehen.

Entspannung während der Arbeit
Sie sollten regelmäßig ein paar Entspannungsübungen einplanen. Tipps hierzu:

◆ Bewusstes Atmen
Diese Übung ist eine der einfachsten und effektivsten gegen Stress: Setzen Sie sich dazu aufrecht hin, schließen Sie die Augen und stellen Sie die Füße flach auf den Boden. Atmen Sie langsam tief durch die Nase ein. Halten Sie den Atem zwei bis drei Sekunden an. Atmen Sie dann so wieder aus, dass sich Ihr Bauch nach vorn wölbt. Wiederholen Sie diese Übung fünf- bis zehnmal.

◆ Verdrehen der Augen
Schließen Sie die Augen und schauen Sie dann nach oben, unten, rechts und links. Versuchen Sie anschließend die Augen im Kreis zu bewegen – erst im Uhrzeigersinn und dann in die Gegenrichtung. Nehmen Sie sich für jede Teilübung zwei Minuten Zeit.

◆ Strecken des Rückens
Setzen Sie sich auf das vordere Drittel Ihres Stuhls und öffnen Sie die Beine hüftbreit. Heben Sie die Arme über den Kopf und strecken Sie die Fingerspitzen so weit es geht nach oben. Lassen Sie Ihren Oberkörper dann auf die Knie fallen, die Arme sind dabei ausgestreckt. Das machen Sie siebenmal, dann verschränken Sie beide Arme hinter dem Rücken und dehnen Ihren Brustkorb zehn Sekunden lang. Anschließend machen Sie zehn Sekunden lang einen Katzenbuckel.

◆ Abrollen des Rückens
Stellen Sie sich aufrecht hin, die Beine etwa hüftbreit auseinander. Rollen Sie langsam Ihre Wirbelsäule Wirbel für

Wirbel nach unten, bis Ihr Oberkörper entspannt nach unten hängt. Atmen Sie einige Male bewusst ein und aus. Rollen Sie langsam Wirbel für Wirbel nach oben, bis schließlich der Kopf als „Krone" wieder seinen Platz auf der Wirbelsäule findet. Wiederholen Sie diese Übung dreimal.

◆ Schattenboxen

Stellen Sie sich in einen stabilen Stand und gehen Sie leicht in die Knie. Die Füße stehen etwa schulterbreit auseinander. Winkeln Sie jetzt die Arme an und boxen Sie mit den Fäusten kraftvoll nach vorne.

Die richtige Ernährung im Büro

Die Ernährung ist ein großes Thema für sich. An dieser Stelle deshalb hier nur einige wenige Anmerkungen:

◆ Das Frühstück

Achten Sie beim Frühstück auf eine ausgewogene Zusammenstellung. Vollkornprodukte sind Weißbrot vorzuziehen. Als Belag kommen fettarmer Käse, magere Wurst und Gemüsescheiben in Frage. Natürlich machen auch die Müslifans keinen Fehler, angerührt mit Milch oder Joghurt und frischem Obst sorgt es für einen guten Start in den Tag.
Ein gutes Frühstück hebt den Blutzuckerspiegel nach der Nacht wieder an und erhöht unsere Leistungsfähigkeit. Nehmen Sie sich Zeit fürs Frühstück, und wenn Sie Gelegenheit haben, mit Kollegen gemeinsam zu frühstücken und dabei erste Themen des Tages zu besprechen, dann tut das nicht nur Ihnen, sondern auch dem Betriebsklima gut.

◆ Snacks zwischendurch

Sie brauchen kein schlechtes Gewissen zu haben, wenn Sie zwischen den Hauptmahlzeiten eine kleine Zwischenmahlzeit einnehmen, im Gegenteil, das ist gut, sofern der Snack nicht aus Schokoriegeln oder den heiß geliebten Konferenzplätzchen besteht. Wenn Sie also am späten Vormittag einen Leistungsabfall verzeichnen, essen Sie Obst, Joghurt o.Ä.

Häufigeres Essen steigert das Wohlbefinden und wirkt positiv auf unsere Gesundheit. Lesen Sie Details bitte in der Fachliteratur nach!

◆ Das Mittagessen

Dass riesige Fleischberge und fette Saucen Ihre Leistungskraft nicht steigern, das wissen Sie, versuchen Sie deshalb grundsätzlich auf Eisbein und andere fette Speisen zu verzichten. Günstiger sind leichte Salate und kohlenhydratreiche Lebensmittel wie ein Gemüseauflauf, Kartoffeln oder Reis. Diese Nahrungsmittel halten durch den Ballaststoffanteil lange vor und verhindern den Heißhunger nach Büroschluss.

◆ Die Getränke

Wir brauchen zwei bis drei Liter Flüssigkeit am Tag. Ist es heiß oder die körperliche Belastung hoch, steigt der Wasserbedarf. Neben Wasser sind Kräuter- und Früchtetees am geeignetsten, um die verloren gegangenen Wasserreserven aufzufüllen. Fruchtsäfte sollten aufgrund des hohen (Eigen-)Zuckergehaltes mit Wasser verdünnt werden.

Insgesamt gilt für die vernünftige, gesunde Ernährung, was oben zum Biorhythmus gesagt wurde: Es gibt differenzierte Auffassungen. Informieren Sie sich und finden Sie heraus, was Ihnen am besten entspricht.

Freude an der Arbeit

„Mir han Spaß an da Freud", sagt der Rheinländer gerne und dieses Kölsche Motto lässt sich bezogen auf die tägliche Arbeit im Büro so zusammenfassen: „Tue, was du liebst, und liebe, was du tust."

Das ist natürlich viel einfacher, wenn wir den Beruf ausüben, der unseren Talenten und Wünschen entspricht. Natürlich können wir nicht Tag für Tag nur Dinge tun, die uns Spaß machen, und wir haben oft nicht die Möglichkeit zu delegieren, was uns keinen Spaß macht. Wenn wir aber auch an Unliebsames fröhlich herangehen und sagen: „Mit dir mache ich jetzt die Verschwindenummer, du liebe Ablage", fällt sie Ihnen mit Sicherheit wesentlich leichter, als wenn Sie sagen: „Ich muss diesen Ablageberg jetzt beseitigen, weil er mich erdrückt."

Manchmal vergessen wir auch im Alltag, wie gut uns unsere Aufgabe im Grunde gefällt und wie es kommt, dass wir meistens gerne zur Arbeit gehen. Deshalb ist es hilfreich, sich immer wieder einmal selbst zu reflektieren und sich vor Büroschluss ein paar einfache Fragen zu beantworten:

◆ Was hat mir heute Spaß gemacht?
◆ Was ist mir heute besonders gut gelungen?
◆ Worauf bin ich heute stolz?
◆ Worüber habe ich heute gelacht?
◆ Wofür bin ich heute gelobt worden?
◆ Wofür habe ich heute jemanden gelobt?
◆ Was war das netteste, das ich heute gehört habe?
◆ Welchen Grund habe ich, mich auf morgen zu freuen?

Darüber wird uns schnell bewusst, dass der Büroalltag so schrecklich nicht ist, wir nur immer wieder daran arbeiten müssen, unseren Fokus auf das zu richten, was ihn schön macht.

Freude zu empfinden ist eine Willensentscheidung.

Wir können uns schon morgens zum Ziel setzen: „Heute werde ich mindestens fünf schöne Bürosituationen erlebt haben", und wenn wir uns dann abends noch die Tagesabschlussfragen oder einige davon beantworten, haben wir schon viel getan, um dauerhaft Spaß an dem zu haben, was wir tun.

Ziele zur Motivation

Warum gehen Sie eigentlich arbeiten? Um unter Leuten zu sein? Um Briefe schreiben zu dürfen? Um Staubsauger zu verkaufen? Um bei Besprechungen Plätzchen zu essen? Nein, deshalb gehen Sie nicht nicht zur Arbeit, oder jedenfalls nicht nur. Im Grunde wollen Sie, wollen wir alle, unsere Brötchen verdienen. Und weil wir beim Bäcker nicht dauerhaft anschreiben lassen können, brauchen wir Geld.

Gehen wir also für Geld arbeiten? Auch das trifft es nicht genau, denn mit dem Geld wollen wir heute mehr als nur überleben, wir wollen „etwas aus unserem Leben machen". Wir wollen es „zu etwas bringen" (Hausbau, Autokauf …), wir wollen Spaß haben (Kite-Kurs, Skifahren, Bergbesteigung …).

Auch wenn die materiell-bedingte Motivation ein Verfallsdatum hat, so brauchen wir sie doch, damit die Arbeit nicht reiner Selbstzweck für uns ist.

Der einfachste, aber am wenigsten befriedigende Weg ist, von all diesen Dingen nur zu träumen und zu sagen: „Ich würde gerne mal Bergsteigen, ich würde gerne ein Haus bauen oder kaufen."

> Wenn ein Traum wahr werden soll, dann kommen wir jedoch nicht umhin, uns Ziele zu setzen.

Wenn wiederum diese Ziele erreicht werden sollen, dann ist es wichtig, dass wir sie richtig formulieren, und das geht am einfachsten mit der SMART-Formel:

- ◆ Spezifisch
- ◆ Messbar
- ◆ Aktiv beeinflussbar
- ◆ Relevant (und realistisch)
- ◆ Terminiert

In der praktischen Umsetzung funktioniert eine Zielformulierung so:

1. Ziel in einem klaren und positiv formulierten Satz aufschreiben.
2. Genauen Zeitpunkt festlegen, bis zu dem das Ziel erreicht sein soll.

3. Sich des eigenen Antriebs zur Zielerreichung bewusst sein. Fragen: Warum ist es mir so wichtig, dieses Ziel zu erreichen? Was ist mein persönlicher Nutzen?
4. Ziel auf seine Tragfähigkeit hin prüfen und sich der Konsequenzen auf dem Weg zur Zielerreichung deutlich bewusst sein, nach dem Motto: „Gefahr erkannt – Gefahr gebannt." Fragen: Auf was muss ich vielleicht verzichten? Wovon muss ich mich vielleicht verabschieden? An welcher Stelle werde ich mich besonders anstrengen müssen?
5. Ressourcen sichten, die zur Zielerreichung beitragen. Fragen: Welche meiner Stärken werden mir auf dem Weg nützlich sein? Welche äußeren Umstände könnten die Zielerreichung begünstigen? Wer kann mich unterstützen?
6. Aktionsplan erstellen und genau aufschreiben, welche einzelnen Schritte und Maßnahmen erforderlich sind.
7. Die daraus entstehenden Zwischenziele gegebenenfalls terminieren.
8. Boykottierende Gedanken und Befürchtungen in positive Sätze umwandeln. (Beispiel: „In der Vergangenheit habe ich es jedenfalls nicht geschafft" wird umgewandelt in „Ich spüre, dass jetzt der richtige Zeitpunkt ist und ich gebe mein Bestes".)
9. Die Maßnahmen zur Zielerreichung konsequent umsetzen – hartnäckig, aber nicht verbissen. Vielleicht ist es die größte Herausforderung auf dem Weg zum Ziel, die Gratwanderung zwischen Konsequenz und Durchhaltevermögen und realistischer Gelassenheit zu bewerkstelligen.
10. Am festgesetzten Termin Bestandsaufnahme machen und prüfen, ob das Ziel vollständig erreicht wurde oder zumindest in einem noch für Sie vertretbaren Rahmen (auch ein 80%-Ergebnis ist ein gutes Ergebnis). Wenn Sie das Ziel erreicht haben, vergessen Sie das Feiern oder die Belohnung nicht. Wie wollen Sie sich belohnen, wenn Sie das Ziel erreicht haben?

Wenn Sie nach der SMART-Formel arbeiten und Ihre Ziele aufschreiben, ist die Wahrscheinlichkeit, dass Sie diese auch tatsächlich (zu einem großen Teil) erreichen, am größten.

Wenn Sie Ihre Ziele nicht aufschreiben, ist es wie mit den Arbeiten im Büro: Vieles ist in Ihrem Kopf, aber es schwirrt da oft wirr durcheinander. So wie Sie Ihren Arbeitsabläufen eine Struktur geben, so sollten sie dies auch mit Ihren Gedanken machen. Dinge, die nicht aufgeschrieben werden, geraten leicht in Vergessenheit und dann kommen Sie übers Träumen nicht hinaus.

Lebenssinn

Immer mehr Menschen fragen sich trotzdem: „Soll das schon alles (gewesen) sein? Dieses tägliche Einerlei, der immer wiederkehrende Alltagstrott, das Warten auf das Wochenende, den nächsten Urlaub, das Jahresende … – soll das etwa mein Leben sein?"

Solche Fragen stellen Menschen sich gewöhnlich dann, wenn sie keinen genauen Plan, keine Idee davon haben, wie für sie ein erfülltes Leben aussehen sollte.

Es ist zugegebenermaßen nicht ganz einfach, inmitten all der täglichen Herausforderungen noch so etwas wie Sinn im Kopf zu haben und dann auch noch danach zu leben.

> Umso wichtiger ist es deshalb, in der Freizeit nicht auch noch jede Minute durchzuplanen, sondern sich Zeit fürs Nachdenken zu nehmen. Sich immer wieder einmal zu fragen: Wie stelle ich mir mein Leben eigentlich ganz genau vor?

Es gibt viele Fragen, die uns auf der Suche nach unserem ganz persönlichen Lebenssinn weiterbringen. Im Folgenden finden Sie eine Auswahl, die Ihnen vielleicht dabei helfen kann.

Fragen für die Suche nach dem Lebenssinn

◆ Was zieht sich wie ein roter Faden durch mein Leben?
◆ Wenn ich nur eine meiner Überzeugungen behalten dürfte, welche wäre es?
◆ Wer ist für mich das Vorbild eines Menschen, der ein sinnerfülltes Leben geführt hat?
◆ Was bewundere ich an diesem Menschen besonders?
◆ Wovon lasse ich mich leiten?
◆ Was ist mir wichtiger als alles andere auf der Welt?
◆ Welche meiner Träume sollen auf jeden Fall bis zum Ende meines Lebens erfüllt sein?
◆ Wenn ich der wäre, der ich am liebsten sein möchte, welche Eigenschaften hätte ich dann?
◆ Welche Eigenschaften müsste ich dazu aufgeben?
◆ Welche materiellen Dinge möchte ich auf jeden Fall besitzen?
◆ Welches sind für mich die wichtigsten immateriellen Werte?
◆ Was ist für mich die perfekte Lebensumgebung?
◆ Wie stelle ich mir die weitere Entwicklung meiner Gesundheit vor, meine körperliche und geistige Fitness?
◆ Welche Reisen möchte ich unbedingt gemacht haben?
◆ Welches Hobby möchte ich noch erlernen?
◆ Welches Wissen möchte ich vertiefen?
◆ Was möchte ich für andere Menschen tun?
◆ Was sollen andere Menschen für mich tun und andersherum – was sollen sie nicht für mich tun?
◆ Wie stelle ich mir die Beziehung zu meiner Familie vor?
◆ Welche Menschen sollen meine Freunde sein?
◆ Von welchen Menschen möchte ich mich gerne trennen?
◆ Was ist für mich die perfekte Arbeitssituation?
◆ Wie soll sich mein Engagement auswirken, zu welchem materiellen und immateriellen Ergebnis soll es führen?
◆ Wofür möchte ich mich gerne einsetzen?

Wenn Sie das „große Ganze" im Kopf haben, dann gelingt es leichter, sich in den Kleinigkeiten zu verlieren. Dann fallen Ihnen die vielen Details, die täglich Ihre Büroorganisation und alles, was damit verbunden ist, ausmachen, sehr viel leichter.

Desiderata

Vielleicht ist ein Ratgeber zur Büroorganisation nicht der optimale Ort für eine philosophische Betrachtung, aber vielleicht rundet „Desiderata" den praktischen Ansatz dieses Buches ab.

„Gehe ruhig und gelassen durch Lärm und Hast und sei des Friedens eingedenk, den die Stille bergen kann. Stehe soweit ohne Selbstaufgabe möglich in freundlicher Beziehung zu allen Menschen. Äußere deine Wahrheit ruhig und klar, und höre anderen zu, auch den Geistlosen und Unwissenden; auch sie haben ihre Geschichte.

Meide laute und aggressive Menschen, sie sind eine Qual für den Geist. Wenn du dich mit anderen vergleichst, könntest du bitter werden und dir nichtig vorkommen, denn immer wird es jemanden geben, größer oder geringer als du.

Freue dich deiner eigenen Leistungen wie auch deiner Pläne. Bleibe weiter an deiner eigenen Laufbahn interessiert, wie bescheiden auch immer. Sie ist echter Besitz im wechselnden Glück der Zeiten. In deinen geschäftlichen Angelegenheiten lasse Vorsicht walten, denn die Welt ist voller Betrug. Aber dies soll dich nicht blind machen gegen gleichermaßen vorhandene Rechtschaffenheit. Viele Menschen ringen um hohe Ideale, und überall ist das Leben voller Heldentum.

Sei du selbst, vor allen Dingen heuchle keine Zuneigung. Noch sei zynisch was die Liebe betrifft, denn auch im Angesicht aller Dürre und Enttäuschung ist sie doch immerwährend wie das Gras.

Ertrage freundlich-gelassen den Ratschluss der Jahre, gib die Dinge der Jugend mit Grazie auf. Stärke die Kraft des Geistes, damit sie dich in plötzlich hereinbrechendem Unglück schütze. Aber beunruhige dich nicht mit Einbildungen. Viele Befürchtungen sind Folge von Erschöpfung und Einsamkeit. Bei einem heilsamen Maß an Selbstdisziplin sei gut zu dir selbst.

Du bist ein Kind des Universums, nicht weniger als die Bäume und die Sterne; du hast ein Recht hier zu sein. Und ob es dir nun bewusst ist oder nicht: Zweifellos entfaltet sich das Universum wie vorgesehen.

Darum lebe in Frieden mit Gott, was für eine Vorstellung du auch von IHM hast und was immer dein Mühen und Sehnen ist. In der lärmenden Wirrnis des Lebens erhalte dir den Frieden mit deiner Seele.

Trotz all ihrem Schein, der Plackerei und den zerbrochenen Träumen ist diese Welt doch wunderschön. Sei vorsichtig. Strebe danach, glücklich zu sein."

(Max Ehrmann)

Literaturverzeichnis

Allen, D.: So kriege ich alles in den Griff – Selbstmanagement im Alltag. München 2010

Covey, S. R., Merrill, A. R.: Der Weg zum Wesentlichen, Zeitmanagement in der vierten Generation. 3. Auflage, Frankfurt / New York

Degener MoreOFFICE (Hrsg.), Burger, A.: E-Mail-Management im Job. Berlin 2009

Degener MoreOFFICE / Hütter, H.: Raus aus dem Zeitstress. Berlin 2010

Felser, G.: Selbstmotivation. Berlin 2010

Hansen, K.: Selbst- und Zeitmanagement. 2. Auflage, Berlin 2004

Jäger, J.: Selbstmanagement und persönliche Arbeitstechniken. 4. Auflage, Wettenberg 2007

Kohtes, M.M. / Schmidt, R.: Besser schreiben. Berlin 2007

Küstenmacher, W. T. (mit L. Seiwert): Simplify your life. 3. Auflage, München 2002

Microsoft Office Outlook 2007, Microsoft Press Deutschland 2007

Schenk, C.: Stress bewältigen durch Entspannung. Niedernhausen 1996

Schmidt, R.: Besser organisieren – 99 wirksame Tipps für mehr Überblick im Büro. 2. Auflage, Berlin 2009

Schmidt, R.: Das Forrest-Gump-Prinzip oder die Wiederentdeckung der Einfachheit. Berlin 2009

Schmidt, R.: Geschäftskorrespondenz. 2. Auflage, Berlin 2008

Schmidt, R.: Selbstmanagement Crashkurs! Berlin 2010

Schröder, J.-P.: Selbstmanagement. Offenbach 2008

Schröder, J.-P.: Stressmanagement. Berlin 2008

Schröder, J.-P.: Wege aus dem Burnout. Berlin 2008

Seiwert, L.: Die Bären-Strategie – In der Ruhe liegt die Kraft. München 2007

Seiwert, L.: Noch mehr Zeit für das Wesentliche – Zeitmanagement neu entdecken. München 2009

Zacker, C.: Arbeit im Griff. Stuttgart 2004

Stichwortverzeichnis